Yvette Pichlkostner

Therapier dich selbst!

Yvette Pichlkostner
Therapier dich selbst!

Copyright © 2017 Lüchow
in J. Kamphausen Mediengruppe GmbH, Bielefeld

ISBN print 978-3-95883-161-2
ISBN ebook 978-3-95883-162-9

Layout:	Kerstin Fiebig [ad-department.de]
	auf Grundlage des Layouts von Heiner te Reh
Illustrationen:	Heiner te Reh [vectoropenstock.com]
Druck & Verarbeitung:	Westermann Druck Zwickau GmbH

www.weltinnenraum.de

Die Deutsche Nationalbibliothek verzeichnet diese Publikation
in der Deutschen Nationalbibliografie; detaillierte bibliografische Daten
sind im Internet über http://dnb.d-nb.de abrufbar.

Haftungsausschluss

Die im Buch enthaltenen Übungen wurden von der Verfasserin
und vom Verlag sorgfältig erarbeitet und geprüft. Eine Garantie
kann dennoch nicht übernommen werden. Weder die Autorin noch
der Verlag übernehmen die Haftung für Schäden irgendeiner Art.
Es handelt sich hierbei um Informationen, die nicht als Diagnose,
Behandlung oder Ersatz für eine medizinische Betreuung
gedacht sind. Bitte befragen Sie hierzu Ihren Arzt.

Therapier dich selbst!

Innere Probleme erkennen, verhandeln und löschen
Mit 26 Übungen zum Selbstanwenden

Yvette Pichlkostner

Inhaltsverzeichnis

Wer ist schon perfekt?

Sind Sie ein Arbeitspferd? Eine Helikopter-Mama? Oder einer, der, wenn er seine Schwächen beschreiben soll, sich immer für „Ungeduld" und „Perfektionismus" entscheidet? Vielleicht gehören Sie zur Turbo-Generation mit halbwüchsigen Kindern, pflegebedürftigen Eltern, einem Haus und zwei Jobs – oder Sie legen einfach nur großen Wert auf Ihr Ansehen und Aussehen. Egal, wer Sie sind, eines sind Sie sicher nicht: perfekt. Und wenn Sie sich noch so anstrengen.

Das ist zunächst einmal eine gute Nachricht, denn die Welt ist ja auch nicht perfekt. Die Menschheit ist vielleicht sogar der am wenigsten perfekte Teil dieser Welt. Und alle Leute in Ihrer Umgebung – ja: alle! – schlagen sich mit wiederkehrenden Problemen herum. „Ich bin so ein Loser!", stöhnen die einen; „Warum passiert das immer nur mir?", hadern die anderen. Das wenigste davon bekommen Sie mit, denn wer trägt sein Herz schon so auf der Zunge, dass er andere mit seinen Schwächen behelligt?

Im Gegenteil: Es war noch nie so einfach, seinen Mitmenschen vorzugaukeln, wie toll das eigene Leben ist – sehen Sie sich nur einmal die vielen Facebook-Profile an. Da scheint ja fast jeder ständig gut drauf zu sein und täglich seine Träume zu verwirklichen. Natürlich liegt das daran, dass soziale Netzwerke nur ein unzureichendes Abbild der Realität sind. Aber das ist ein Abbild, das uns manchmal intensiver begleitet als die Wirklichkeit.

Hinter der Fassade des Gut-drauf-seins sind Menschen mit ihren seelischen Problemen und Belastungen häufig allein. Auch die Zeiten, in denen man auf Zuspruch hoffen kann, weil das Umfeld dieselben Probleme hat, sind heute meist früh im Leben vorbei. Selbst die beste Freundin oder der erprobte Lieblingskumpel können manchmal nicht mehr ihre Rolle erfüllen, weil Lebensentwürfe immer weiter auseinandergehen, zeitversetzt stattfinden, vielfältigsten Optionen, Erwartungen und Zwängen unterworfen sind – und es dann manchmal an Verständnis und Mitgefühl mangelt. Ich sehe es ja schon daran, dass meine eigene Tochter längst aus dem Haus ist und manche meiner Schulfreunde gerade erst die schwere Zeit des Windelwechselns durchmachen.

Wo das Umfeld nicht helfen kann, wendet man sich immer häufiger an Berufene: Psychologen, Heilpraktiker, Coaches, Seminaranbieter, Trainer aller Art. Ich selbst bin Coach und Heilpraktikerin für Psychotherapie – und könnte über diese Entwicklung froh und dankbar sein. Aber ich habe oft erlebt, dass der Besuch beim Coach wie ein Arztbesuch aufgefasst wird: je öfter man hingeht, desto näher sei man der Heilung. Dabei sind die meisten Ursachen für seelische Belastungen gar keine Krankheitsbilder. Entsprechend ist der Coach auch kein Arzt und kann nicht heilen. Von seelischen Belastungen muss sich letztlich jeder selbst zu befreien lernen, egal ob er zu Therapeuten geht oder nicht. Ein Coach begleitet den Prozess nur.

Meine langjährige Arbeit in der Psychotherapie hat mir vor Augen geführt, dass es nicht zwingend die intensive Begleitung ist, die zur Lösung seelischer Probleme führt, im Gegenteil: Manchmal begeben sich Menschen dadurch nur in neue Abhängigkeiten. Entscheidend ist vor allem der Zugang, den man zu sich selbst und zu seinem Inneren findet. Ich habe, um diesen Zugang zu erleichtern, über etwa zehn Jahre ein Set von Karten entwickelt, das Bilder und Begriffe zufällig kombiniert und so Assoziationen bilden hilft, auf die man sonst womöglich nie gekommen wäre. Dies war vor allem zur praktischen Unterstützung meiner täglichen Arbeit gedacht. Unter dem Titel „HILF DIR SELBST!" habe ich sie dann vor einiger Zeit mitsamt einer Anleitung zum Selbstcoaching veröffentlicht. Denn ich dachte mir, wenn die Arbeit ohnehin am Einzelnen hängenbleibt, kann er sich durchaus auch selbst therapieren, wenn er es wünscht. Das spart vielen Menschen Geld, das sie sonst nicht übrig hätten – oder Zeit, die sie nicht aufbringen können. Und es erspart das unangenehme, beschämende Gefühl der Selbstentblößung vor anderen, das für viele der Grund ist, sich vor seinen Problemen gleich ganz zu verschließen.

„THERAPIER DICH SELBST!" ist als praktisches Übungsbuch angelegt und führt die Idee weiter. Hier geht es darum, wie Sie Faktoren seelischer Belastung oder psychischen Stresses entdecken, benennen und abstellen. Im Zentrum stehen dabei Stuhltechniken für den inneren Dialog und Löschtechniken, die auf der Dualität der Gehirnhälften aufbauen. Sie brauchen nicht mein erstes Buch zu kaufen, um zu verstehen, wie es geht. Diejenigen, die das Toolkit „HILF DIR SELBST!" parat haben, werden sich sicherlich gleichwohl freuen, dass sie die Karten auch für diese Übungen einsetzen können.

Wenn Sie schon nicht perfekt sind, dann sollten Sie wenigstens Ihre Zeit nicht damit verbringen müssen, Ihre Fehler und Schwächen immer wieder durchzukauen. Ich möchte helfen, dass Sie loswerden, was Sie bedrückt. Ich selbst bin ja kein bisschen besser als Sie: Jahrelang litt ich unter psychischen Belastungen und bog mir die Realität danach zurecht. Noch heute übrigens können mich Kränkungen völlig aus der Bahn werfen, kann ich in ein tiefes Loch fallen, wenn ich mich ungerecht behandelt fühle. Dann nutze ich die Methoden, die ich Ihnen in diesem Buch vorstelle, für mich selbst – und komme viel schneller wieder aus dem Tief heraus als früher. Ich bin der festen Überzeugung, dass wir hier auf der Erde Spaß haben, einander Gutes tun und glücklich sein sollten – das Leben ist doch viel zu kurz, um es in Gedankenkarussellen zu verbringen. Wir können uns nicht einmal darauf verlassen, dass wir das Verpasste in einem nächsten Leben nachholen können.

Dieses Buch ist ein Ratgeber, eine Anleitung, ein Begleiter. Es ist nicht weniger, aber auch nicht mehr. Wenn Sie die Übungen beginnen, behalten Sie einfach im Kopf, dass Sie nichts wirklich falsch machen können. Wenn Sie das Gefühl haben nicht vorwärtszukommen, schlagen Sie einfach noch einmal nach. Sollten Sie einen anderen Weg finden, sich Ihren Themen zu stellen: wunderbar! Das Wichtigste ist, dass Sie den Ursachen auf den Grund gehen, sich im Dialog mit sich selbst über sie klar werden und die ganzen Altlasten frohen Mutes aus Ihrem System löschen können.

Ich wünsche Ihnen viel Erfolg damit.

Bevor Sie beginnen

Ich möchte, bevor wir in den Inhalt einsteigen, einige Sätze zur Handhabung dieses Buches anführen. Wie gesagt: Sie können keine wirklichen Fehler machen. Seien Sie trotzdem achtsam, denn Sie begeben sich auf eine Reise zu Ihnen selbst und in sich selbst. Hätten Sie nicht etwas, an dem Sie arbeiten wollen, dann würden Sie dieses Buch wahrscheinlich nicht in den Händen halten. Das heißt auch, dass in Ihrem Inneren durchaus dunkle Seiten und unerfreuliche Dinge auf ihre Entdeckung warten.

Psychologen und auch Coaches warnen bisweilen davor, sich unbeaufsichtigt und ganz auf sich selbst gestellt auf dieses Abenteuer zu begeben. Wenn die Persönlichkeit nicht stabil sei, könne dies womöglich zu extremen Seelenzuständen führen, die Gefahr für Leib und Leben mit sich bringen können. Damit haben die Kollegen absolut recht – so etwas kann passieren, wenn man mit schweren und schwersten psychischen Problemen belastet ist. **Deshalb noch einmal ein deutlicher Hinweis:** *Benutzen Sie dieses Buch nicht ohne Rücksprache mit Ihrem Arzt oder Psychologen, wenn Sie sich in psychiatrischer oder psychologischer Behandlung befinden sollten – ganz besonders dann, wenn Sie unter einer Depression leiden, eine schwere Suchterkrankung durchmachen oder gar an Selbstmord denken. Und auch wenn dies alles nicht zutrifft: Brechen Sie ab, sobald Sie überraschende und heftige psychische Reaktionen an sich feststellen. Ziehen Sie gegebenenfalls einen Experten zu Rate.*

Andererseits kann ich Sie beruhigen: In der Regel wird nichts davon auf Sie zutreffen. Sicher, Sie möchten wie viele Millionen anderer Menschen ein Problem in Ihrem Inneren lösen, einem Mythos auf die Spur kommen, das Gedankenkarussell abstellen. Das versuchen diese vielen Millionen ja größtenteils auch, ohne dass sie deswegen einen Coach aufsuchen. Und weil sie es allein mit sich ausmachen, kommen sie zwar nicht immer weiter, aber andererseits führt es sie auch nicht in existenzbedrohende Seelenzustände. Nie kämen sie auf die Idee, es sei gefährlich, Dingen im eigenen Inneren auf den Grund zu gehen. Zu Recht.

Aber weiterkommen will man ja eigentlich. Und wenn es Sie dann nicht zu einem Coach zieht, ist es völlig in Ordnung, dass Sie sich den Weg in Ihr Inneres durch dieses Übungsbuch erschließen.

Sie können die Übungen alleine durchführen. Es ist Ihnen überlassen, ob Sie sie erst nach der Lektüre damit beginnen oder währenddessen. Alles ist so aufgebaut, dass Sie sich die Inhalte ohne Hilfe erschließen können. Wenn Sie doch jemanden zu Rate ziehen wollen, der Ihnen hilft, etwa indem er Sie beim Selbstdialog unterstützt und mit Fragen eingreift, dann seien Sie wählerisch bei der Auswahl dieser Person. Der Vorteil eines Coaches ist nämlich, dass er zwar empathisch und zugewandt ist, aber andererseits keine intime Vertrauensperson darstellt. Diese Mischung aus professioneller Distanz und menschlicher Nähe ist im eigenen Familien- und Freundeskreis in der Regel nicht zu finden. Und wenn schon

Sie kein ausgebildeter Coach sind, kennen Sie sich immerhin mit sich selbst gut aus. Deshalb ist jemand, der weder das eine noch das andere hat, aus meiner Sicht nicht wirklich hilfreich bei diesem Prozess.

Trauen Sie sich einfach; es geht ja ohnehin ausschließlich um Sie.

Entdecken, benennen, verhandeln und löschen: Die Übungen

Was ist Ihr Ziel? Möchten Sie eine seelische Verletzung loswerden, die Sie erfahren haben – in Ihrer Jugend oder letzte Woche im Büro? Oder haben Sie ein mulmiges Gefühl, wenn Sie an die Zukunft denken – und wollen wissen warum? Es gibt tausend Gründe, sich mit seinem Seelenzustand analytisch zu beschäftigen – und es sind fast nie positive Gründe. Wer zufrieden, glücklich und voller Selbstvertrauen ist, der muss sich nicht befragen. Und wer trotzdem ein Fass aufmacht, tut sich nicht einmal einen wirklichen Gefallen damit. Also gehen wir in diesem Übungsbuch von einem gewissen Leidensdruck aus, der Sie dazu bewegt, ein Problem loszuwerden.

Ein Problem aus dem Leben zu löschen, ist keine Sache von einem Fingerschnippen – aber doch gut möglich. Die Übungen folgen einem Muster: Entdecken Sie, was in Ihnen das Problem bereitet, benennen Sie es klar und treten Sie in einen Dialog ein. Jedes Problem hat entweder mit einer Person zu tun oder einem Persönlichkeitsanteil Ihrer selbst. Und wenn es keine Person ist, so ist dieses Etwas fast immer personifizierbar. So funktionieren wir Menschen nun mal: Wir denken in Bildern. Und Bilder sind am wirkmächtigsten, wenn sie mit anderen Menschen zu tun haben.

Sobald Sie in sich selbst genau identifiziert haben, was Sie belastet, haben Sie die Möglichkeit, es zu löschen. Mit „Löschen" meine ich nicht, dass Sie Ihren Dialogpartner in sich selbst killen sollen! Gelöscht werden weder Personen noch Teilpersönlichkeiten noch Dinge, die Personen sein könnten. Deswegen habe ich die Übungen strikt getrennt: Den Prozess von der Suche bis zum Dialog mit dem Problem – und die Löschung des Problems. Denn Sie eliminieren in sich negative Glaubenssätze. Sie töten in sich lediglich eine bestimmte Art zu denken ab, die sowieso ausschließlich destruktiv, schädlich und hinderlich ist. Das aber sind Personen nie.

Nun habe ich Probleme zu Personen gemacht und lade Sie dazu ein, dasselbe zu tun – und sie nicht zu löschen. Bin ich noch ganz bei Trost? Ja. Ein Problem kann natürlich ganz schön demotivieren. Aber es ist etwas Alltägliches, nichts Schlimmes, vielleicht geradezu etwas Positives! Es steckt „pro" darin, ein aktivierendes, bereicherndes Element. Es gibt eine französische Tageszeitung, die ihr tägliches Kreuzworträtsel mit „Problème No. …" überschreibt. In Deutschland hingegen zucken schon alle zusammen, wenn man das Wort „Problem" überhaupt ausspricht: eine „Herausforderung" sei es doch eher, wird man direkt ermahnt, man solle doch nicht so negativ denken. Aber Probleme sind, ganz wie Kreuzworträtsel, zum Lösen da. Und das Lösen kann großen Spaß machen!

Im Gegensatz zu negativen Glaubenssätzen. Die lauten meist ganz platt: „Mann, bin ich dumm." – „So etwas Gutes habe ich gar nicht verdient" – „Egal, wie ich mich anstrenge, das gibt sowieso nie was." So etwas tagtäglich zu denken, macht überhaupt keinen Spaß. Aber man kann es auch nicht einfach aus seinem Leben wegsuggerieren. Wäre das so einfach, dann könnten wir uns den ganzen ersten Teil unserer Übungen schenken. Erst wenn Sie genau herausgefunden haben, warum Sie diese Dinge denken, haben Sie die Möglichkeit zum Gegenangriff überzugehen und diese unnützen, überflüssigen und krankmachenden Dinge in sich herauszuholen und in Luft aufzulösen.

Teil 1: Der Selbstdialog

Wer sind Sie?

Bevor Sie auf die Reise gehen, ist es sinnvoll, sich einige Gedanken zu machen. Wir beginnen bei Ihnen.

Übung 1: Wer bin ich?

Sehen Sie sich untenstehendes Schema an.

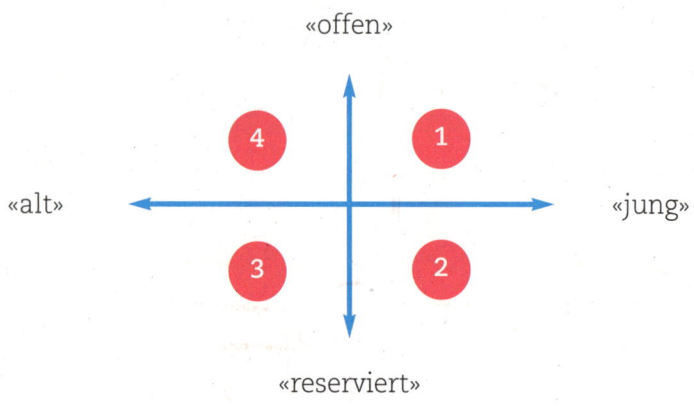

Sie haben auf der Waagerechten die Möglichkeit, sich zwischen „alt" und „jung" einzuschätzen. Normalerweise wandert man mit den Jahren immer weiter nach links, befindet sich im Alter bis 30 Jahren meist auf der rechten Seite, mit über fünfzig Jahren fast immer auf der linken Seite. Wo genau Sie sich sehen, können aber auch Ihr „gefühltes Alter" und Ihr Erfahrungshorizont mitentscheiden. Je mehr man im Leben gesehen und erlebt hat, desto schneller rückt man in den „alten" Bereich. Sich als „alt" einzuschätzen, heißt also auf keinen Fall, dass Sie gebrechlich oder faltig sein müssen. Der Hintergrund ist vielmehr, dass es Ihnen mit fortschreitendem Erleben tendenziell immer schwerer fällt, in Rollen zu schlüpfen. Das gelebte Leben fordert und prägt den Menschen und nimmt ihm tendenziell das Verspielte, das Vergnügen am Verkleiden und Verstellen.

Auf der Senkrechten können Sie sich zwischen „offen" und „reserviert" einordnen. Bedenken Sie auch hier: es geht nicht um gesellschaftliche Urteile, der Mainstream kann Ihnen völlig egal sein. Hier sind Sie mit sich allein, nichts muss Ihnen peinlich sein, Sie sind so wie Sie sind – und schreiben es so hin. Wenn Sie meinen, dass die Gesellschaft von Ihnen immer fordert „offen" zu sein, dann heißt es vielleicht ganz etwas anderes als das, was ich meine. „Offen" im Sinne dieses Strahls sind Sie, wenn Sie schnell Dinge akzeptieren, wenn Sie gern mit einer Das-schaffen-wir-schon-Mentalität an Aufgaben herangehen und leicht entflammbar sind. „Reserviert" sind Sie, wenn Sie sich viele Gedanken machen, vorsichtig sind und Entscheidungen sehr genau überlegen.

Während angsterfüllte Menschen ganz weit in Richtung „reserviert" gehen, ist der andere Extrempunkt bei „offen" ein flüchtiger Bruder Leichtfuß.

Ziehen Sie nun zwei gerade Linien, die von den Punkten auf den Achsen ausgehen und sich treffen. Dann markieren Sie den Punkt in einem der vier Felder, den Quadranten.

Sehen Sie sich im 1. Quadranten, dann werden Sie wahrscheinlich zu den Übungen einen besonders guten Zugang haben: Sie lassen sich gern auf Neues ein, lieben das Spiel und die Entdeckung. Ihr wichtigstes Thema wird es sein, das, was Sie entdecken, auch umzusetzen und Ihre Erkenntnis zu Ergebnissen zu machen. Sie sind besonders darauf angewiesen, sich schriftliche Notizen und vielleicht auch einen Plan zu machen, in den Sie einzelne Schritte eintragen.

Wenn Sie im 2. Quadranten verortet sind, neigen Sie vermutlich dazu, sich an Vorbildern zu orientieren und an Meinungen anderer auszurichten. Sie werden daher wahrscheinlich damit Schwierigkeiten haben, souverän mit Ihrem inneren Gesprächspartner umzugehen. Arbeiten Sie Dinge in seine Antworten hinein, die als Normen von außen kommen? Behalten Sie immer im Hinterkopf, dass Sie mit sich allein sind. Es ist hier kein Platz mehr für Scham – Sie sind frei!

Im 3. Quadranten befinden sich zumeist Menschen, die allgemein einen schwierigen Zugang zu diesen ganzen Übungen haben. Geht es Ihnen auch so? Nun, es ist nicht gesagt, dass Sie überhaupt in die Rolle hineinfinden. Aber Sie können versuchen über Ihren Schatten zu springen, indem Sie sich einfach mal ein Theaterstück ansehen – im Fernsehen oder tatsächlich im Theater. Und stellen Sie sich vor, Sie selbst stünden auf der Bühne, allerdings vor leeren Rängen. Nur zum Spaß.

Der 4. Quadrant ist die Heimat vieler Intellektueller, Manager und Kreativer. Ihr Problem könnte sein, dass Sie schon derart viel in Ihrem Leben mitgemacht haben, dass Sie auch die Übungen sehr reflektiert angehen und als Versuchsaufbau ansehen, den Sie bereits durchschauen. Versuchen Sie, sich in einen Zustand des Staunens hineinzuversetzen. Mit dem Geist allein werden Sie nicht weit kommen, wenn Sie sich wirklich kennenlernen wollen. Lassen Sie sich fallen!

Wer ist Ihr Gesprächspartner?

Nun, wo Sie sich selbst in Bezug auf die Übungen schon etwas besser einschätzen können, müssen wir nur noch herausfinden, wer der Gesprächspartner ist, mit dem Sie in einen Dialog treten möchten. Ist es Ihr Vater, Ihre Ex-Freundin, Ihr Arbeitskollege … oder Sie selbst? Wir alle haben Teilpersönlichkeiten. Es gibt den Antreiber in uns, den Faulpelz, das hilflose Kind, den rücksichtslosen Blender, den charmanten Salonlöwen, den Pedanten – die Liste ließe sich beliebig fortsetzen.

Eins sollten Sie sich gleich von Beginn an klarmachen: Ihr Gesprächspartner ist in den seltensten Fällen Ihr Feind. Auch wenn Sie ihn hassen mögen. Er wartet auf Sie und gibt Ihnen Antworten. Sie – und nicht er – sind in der Lage, ihn zum Zuhören zu bringen. Verlassen Sie sich darauf: er hört Ihnen zu. Er kann gar nichts anderes tun. Und dann gibt er Ihnen Antworten. Denn Sie verleihen ihm eine Stimme. Es ist ganz einfach: Sie benennen ihn, Sie geben ihm einen Namen und Sie sprechen ihn direkt an. Mit seinem Namen. Und dann stellen Sie ihm die erste Frage. Dann wechseln Sie die Position und antworten aus seiner Perspektive. Seien Sie sicher: die Antwort wird kommen, auch wenn Sie es sich selbst beim Platzwechsel noch nicht vorstellen können.

Wenn Sie noch nicht sicher sind, mit wem Sie sprechen werden, dann empfehle ich Ihnen eine sehr aufschlussreiche Übung. Es ist die so genannte Floatback-Methode, die William Zangwill entwickelt hat.

Übung 2: Floatback-Methode

Rufen Sie sich ein Bild auf. Es ist das Bild davon, was Sie belastet.

1.) Wie sieht das Bild aus?

2.) Welche negativen Begriffe sind damit verbunden?

3.) Welche Gefühle entstehen dabei in Ihnen?

4.) Wo in Ihrem Körper treten sie auf?

Nun lassen Sie Ihren Geist zu einer früheren Periode Ihres Lebens zurückschweben.

Suchen Sie nicht nach etwas Bestimmtem – lassen Sie sich einfach zurückschweben und schildern Sie sich die erste Szene, die ihnen in den Sinn kommt.

Sieht sie aus wie Antwort 1? Wenn ja, dann haben Sie nun

Gedanken an ....
(2. laut wiederholen) und
Gefühle von ....
(3. laut wiederholen)
in Ihrem/Ihrer/Ihren ....
(4. laut wiederholen).

Nun sollten Sie eine Vorstellung davon haben, wer in dieser Szene die Rolle spielt, die zu Ihrer Belastung führt. Aus meiner Praxis heraus kann ich Ihnen einen Überblick über die häufigsten Gesprächspartner geben. Ihrer muss nicht zwingend dabei sein – es gibt einfach zu viele Möglichkeiten.

1. Nahestehende Personen

Wenn Sie mit Menschen, die Ihnen nahestehen oder einst nahegestanden haben, ein wichtiges Thema nicht abgeschlossen haben, kann das sehr belasten. Der wohl populärste Fall in dieser Kategorie ist Liebeskummer – das Gefühl hat wohl jeder und jede von Ihnen einmal im Leben verspürt. Es gibt aber noch viel mehr Fälle, in denen nahestehende

Personen zu inneren Dialogpartnern werden können. Hier die häufigsten Fälle:

- (Ehemaliger) Partner
- Mutter oder Vater
- Enger Freund/enge Freundin
- Eigenes oder adoptiertes Kind
- Geschwister
- Stiefmutter oder Stiefvater, weitere nahestehende Verwandte, z. B. Großeltern
- Vorbilder (Lehrer, Trainer, Mentor, Vorgesetzter, Geistlicher etc.)
- Idol oder Schwarm (der Grenzfall einer „nahestehenden Person", weil die Beziehung in der Regel einseitig bleibt)

Es macht dabei keinen Unterschied, ob die Person noch lebt oder schon gestorben ist, ob sie nur eine Tür weiter wohnt oder ans andere Ende der Welt gezogen ist. Der Dialog wird ja nicht mit der realen Person geführt, sondern mit deren Abbild in Ihrem eigenen Inneren. Und dort ist sie lebendig genug, dass sie in Ihr Leben eingreift – sie ist Teil Ihrer selbst.

2. Die eigene Person

Sehr häufig liegt der Grund für eine belastende oder hemmende Situation im eigenen Wesen. Es ist aber auch denkbar, dass ein Ereignis aus der eigenen Vergangenheit seine Nachwirkungen hat. Der eigene Charakter ist so vielschichtig, dass es sehr viele Möglichkeiten gibt, im Selbstdialog auf einen verborgenen oder verdrängten Teil seiner selbst zu treffen.

Auch hier möchte ich die häufigsten Fälle nennen:

- Die eigene Person als Kind oder Jugendliche(r)
- Die eigene Person als junger Erwachsener
- Der innere Kritiker/der innere Antreiber/
  der Kontrolleur/der Beschützer
- Das innere Kind (nicht zu verwechseln
  mit der eigenen Person als Kind)
- Der innere Rebell
- Der innere Verweigerer/der Defätist
- Die verborgene Lust/Sexualität
- Der innere Spieler/Abenteurer

Sie sind natürlich selbst immer Teil Ihrer selbst. Wenn andere es schaffen, Ihr Denken zu besetzen, um wieviel besser können Sie selbst Ihr Denken beeinflussen, blockieren, in bestimmte Richtungen treiben! Es ist aber Gott sei Dank möglich, das komplexe Geflecht des eigenen Denkens wieder zu portionieren und ihm Rollen, rein gedankliche Teilpersonen, zuzuweisen.

3. Sonstige Personen und imaginäre Personen
Glauben Sie an Gott? Sehr viele Menschen geben mir auf diese Frage eine erstaunliche Antwort: „Ich glaube nicht an den Gott, den mir die Kirche vermitteln will, aber ich bin davon überzeugt, dass es etwas Höheres gibt." Die Vorstellung von einer göttlichen Instanz scheint so stark vom Ringen mit der Kirche und ihren Vertretern überlagert zu sein, dass nur wenige mir einfach mit „ja" oder „nein" antworten

können. Dabei kann es ganz fantastisch sein, mit einer höheren Instanz zu plaudern oder zu verhandeln. Fast alle sind wir auf unsere eigene Art spirituell – stehen wir dazu!

Neben dem lieben Gott gibt es noch viele andere wirkliche, erfundene und eingebildete Personen, mit denen man in engem Kontakt stehen kann. Hier eine kleine Aufzählung:

- Gott als der Christengott, Jahwe oder Allah
- Eine andere göttliche Figur
- Heilige, Geister, Ahnen
- Eine große, inspirierende Figur aus der Vergangenheit – hier ist alles möglich, von Beethoven über van Gogh, Einstein und Gandhi bis zu Che Guevara.
- Eine Roman- oder Filmfigur
- Eine Person aus der eigenen Vorstellung

Hier ist das Feld sehr weit und die Personen teils so speziell, dass man sie nicht sinnvoll klassifizieren kann. Wichtig ist nur, was einem Halt gibt. Ignorieren Sie diese Seite nicht, wenn Sie Ihren Gesprächspartner suchen.

4. Nicht-Personen

Manchmal reden Menschen auch mit ihrer Störung, ihrer Sucht oder ihrem Zwangsverhalten wie mit einer Person. Dies kann gut tun, liegt aber meist außerhalb unserer Thematik. Wenn Sie dazu Lust oder einen inneren Drang verspüren, dann versuchen Sie es gerne. Behalten Sie dabei aber eines im Kopf: Hier haben Sie es nicht mit einem

Verhandlungspartner zu tun, sondern mit einer Last. Ziel des Gesprächs kann nur sein, sie loszuwerden, sich von ihr für immer zu verabschieden. Es kann auch passieren, dass Sie hier an Grenzen stoßen, die Sie nur gemeinsam mit einem Psychotherapeuten einreißen können. Seien Sie wachsam und holen Sie sich Hilfe, wenn Sie nicht weiterkommen.

Eine andere, sehr interessante Übung basiert auf der Theorie der Ebenen des Bewusstseins, die der US-amerikanische Psychiater und Spiritualist David R. Hawkins entwickelt hat. Seine Theorie und seine Methode wurden oft als unwissenschaftlich abgetan und überhaupt sah er sich vielfältiger Kritik ausgesetzt. Aber wie bei vielen angreifbaren Theorien ist ihr Kern trotzdem faszinierend, weil er eine ewige Wahrheit zu berühren scheint. Hier werden verschiedenen Bewusstseinsebenen Namen gegeben, Emotionen, Einstellungen und Auffassungen zugeordnet und sie sodann in eine Hierarchie übertragen, die von dem negativsten bis zum positivsten Bewusstseinszustand reicht. Der interessantere Teil ist natürlich der negative; da geht es uns ganz wie den Lesern von Dantes „Inferno", die sich in den Höllenqualen festlesen und bei der Darstellung der Läuterung und des seligen Himmels das Buch gelangweilt weglegen.

Hawkins zieht eine Mittellinie ein, unterhalb derer von den negativen Gefühlen zunächst der Stolz steht, eine Emotion, die noch an der Grenze zu Stärke und Selbstbewusstsein steht. Abwärts geht es dann über Wut/Ärger, Begehren, Angst, Kummer, Apathie, Schuldbewusstsein bis hin zur

Scham. Bei der Scham ist das Grundeis erreicht, hier ist nur noch Platz für seelisches Elend und das Gefühl der Wertlosigkeit. Das mag Sie erstaunen, wird doch oft Hass als verzehrend oder Angst als lähmend dargestellt und damit als sehr unangenehm, Scham dagegen als Alltagsnot, etwa wenn man aus Versehen den Rock in die Strumpfhose gesteckt hat. Aber die tiefe Scham ist anders. Während Wut und Angst noch Platz für das Selbst lassen, noch nicht alles zu spät ist, bei allem Leiden noch Trotz oder Hoffnung besteht, ist die Scham, wie sie Hawkins einordnet, das Gefühl, das entsteht, wenn man die Welt am liebsten von sich selbst erlösen würde.

Übung 3: Die Ebenen des Bewusstseins

Sehen Sie sich die Darstellung von den Bewusstseinsebenen genau an. Gibt es einen Zustand, von dem Sie spontan sagen würden, dass sie sich in ihm befinden? Wenn ja, könnte dieser Zustand ein Gesprächspartner für Sie sein? Wie würde es sich für Sie anfühlen, wenn Sie mit diesem Gefühl reden könnten?

Wenn Sie spüren, dass Sie gerne den Bewusstseinszustand finden würden, ihn aber nicht eindeutig zuordnen können, versuchen Sie doch, sich selbst auf die Schliche zu kommen!

Dafür gibt es eine probate Methode, den so genannten O-Ring-Test. Der japanische Akupunkturarzt Yoshiaki Omura entwickelte ihn im Rahmen seines umfassenden alternativ-medizinischen Ansatzes. Er ist vielfältig einsetzbar, verblüffend einfach und in den meisten Fällen erstaunlich präzise.

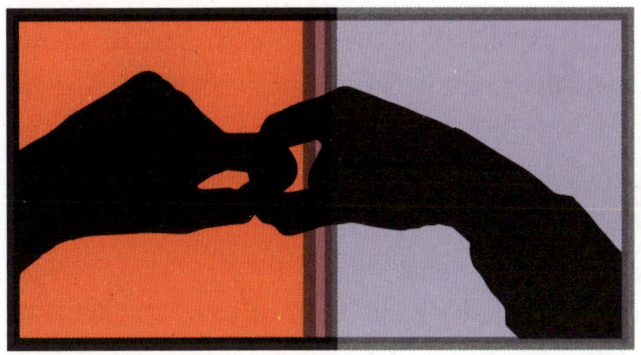

Übung 4: Der O-Ring-Test

Bilden Sie mit Ihrem linken Mittelfinger und Ihrem linken Daumen einen Kreis, indem Sie die Fingerkuppen fest aufeinanderdrücken. Pressen Sie nicht die Kuppen auf ganzer Länge schnabelförmig zusammen – die Finger sollen einen O-Ring bilden, die Nägel sich (fast) berühren, der Druck sich so anfühlen, als würde man mit aller Kraft eine Klaviertaste anschlagen.

Greifen Sie nun mit Daumen und Zeigefinger der rechten Hand in den Ring, so dass Sie zwei ineinander verkettete Ringe mit Ihren Fingern bilden. Die Beuge des rechten Zeigefingers liegt in der Beuge des linken Mittelfingers, so dass Sie mit der rechten Hand den Mittelfinger vom Daumen wegziehen können.

Interessant ist nun herauszufinden, was passiert, wenn Sie beim Aufsagen der Begriffe mit immer gleich starkem Zug den Mittelfinger von der Daumenkuppe wegziehen möchten, obwohl dieser ja fest auf die Kuppe gedrückt bleibt. Gehen Sie die Begriffe nacheinander durch, versetzen Sie sich gedanklich in das beschriebene Gefühl und versuchen Sie dann, mit der Rechten den O-Ring auseinanderzuziehen.

Ändern Sie dabei weder den Druck der Kuppen aufeinander, noch die Zugkraft der rechten Hand. Sie werden feststellen, dass es trotzdem manchmal leichter ist, den O-Ring zu öffnen. Der Begriff, bei dem das am leichtesten gelingt, repräsentiert Ihren Gesprächspartner.

Warum funktioniert der O-Ring-Test so gut? Es hat mit unserem Unterbewusstsein zu tun. Wir erlahmen kurzzeitig in unserem Willen etwas anderes zu tun, wenn wir uns ertappt fühlen oder auf eine Wahrheit stoßen. Weil in unserem verstandesorientierten Alltag diese kleinen Schwächen im Allgemeinen unter einem Panzer aus rationalem Bewusstsein verborgen sind, findet man nicht immer den Zugang zu dem, was man wirklich meint oder spürt. Aber der Muskeltonus ist ein Hinweis auf unterbewusste Einsichten: Wir können mit unserem Willen den schwächeren Tonus nicht ganz ausgleichen, wir sind leicht abgelenkt und lassen – zunächst unmerklich – in der körperlichen Kraft nach. Das ist der Moment, wo der O-Ring aufgeht.

Das Setting

Nun, da Sie auf die Reise gehen, ist es sinnvoll, einige Vorbereitungen zu treffen. Wenn es schon Begegnungen gibt, die nicht erfreulich sind, dann sollten Sie auf jeden Fall darauf achten, dass es in einem Rahmen passiert, der Ihnen vertraut ist und der Ihnen Halt und Sicherheit gibt.

Haben Sie einen Lieblingsort? Einer meiner Lieblingsorte ist mein Garten. Es gibt da eine kleine Sitzecke, ganz hinten, in der ich mich gerne aufhalte. Ich kann dort unglaublich gut abschalten – aber es wäre nichts für jeden: Vogelgezwitscher, das entfernte – oder weniger entfernte – Geräusch von Rasenmähern oder Autos, warme Sonnenstrahlen, Windstöße: das alles kann auch ablenken.

Wenn Sie mit Selbstcoaching noch nicht so vertraut sind, dann sollten Sie in einem geschlossenen Raum beginnen, der Ihnen möglichst Ruhe verspricht. Am besten ist es, wenn für eine Dauer von mindestens einer Stunde garantiert niemand eintritt, anruft oder klopft. Wenn Sie alleine leben, wird dieser Teil einfach sein. Ansonsten suchen Sie sich eine Zeit aus, in der Sie zuhause allein sind (und auch keine Paketboten Ihrer Nachbarn Sturm klingeln), stellen Sie das Handy ab und schaffen Sie eine Atmosphäre, in der Sie sich wohlfühlen.

„Setting" ist ein Begriff aus der Filmindustrie, der eine Umgebung bezeichnet, in der die Illusion hergestellt ist, die den Film glaubwürdig macht. Oder mit anderen Worten: das

Setting ist die Herrichtung, die Sie brauchen, um sich auf die Reise zu begeben. Was Sie in jedem Fall benötigen, sind zwei Sitzgelegenheiten, die sich gegenüber stehen, und ein wenig Licht. Alles andere ist Ihnen überlassen: ob Sie sich in Ihrem Schlafzimmer am wohlsten fühlen oder in der Küche, ob Sie es lieber hell oder schummerig haben, ob Sie gerne an einem Tisch sitzen oder flauschigen Teppich unter den Füßen spüren – das ist Ihr Ding. Denken Sie nur an eins: Sie sollten nicht abgelenkt werden.

Wenn Sie sicher sind, dass die Umgebung für Sie perfekt ist, dann können Sie Ihre Sitzung beginnen. Koppeln Sie sich aus dem Alltag aus. Schließen Sie die Augen und atmen Sie tief. Konzentrieren Sie sich ganz auf sich. Lassen Sie die Luft durch sich durchströmen. Bleiben Sie in der Position, in der Sie sich maximal entspannen können – gerne fünf, zehn, wenn es gut für Sie ist, zwanzig Minuten. Es gibt jetzt keinen Zeitbegriff mehr. Sie sollten keine Uhren oder Ähnliches dabeihaben.

Übung 5: Stühle wechseln

Suchen Sie sich einen Platz aus, an dem Sie gerne in den Selbstdialog treten möchten. Stellen Sie zwei Stühle so auf, dass Sie sich gegenüberstehen. Sie müssen ohne Schwierigkeiten und mit geschlossenen Augen die Sitzposition wechseln können. Setzen Sie sich nun auf den einen Stuhl und schließen Sie die Augen. Bleiben Sie so lange sitzen, bis Sie den Ruhepuls in sich fühlen. Wechseln Sie dann, ohne die Augen zu öffnen, auf den gegenüberliegenden Stuhl.

Welches Gefühl haben Sie bei der Übung gehabt?
- Wenn Sie sich insgesamt wohl gefühlt haben, sollten
  Sie diesen Platz für den Selbstdialog ausprobieren.
- Wenn Sie Schwierigkeiten hatten sich zu entspannen
  und zur Ruhe zu kommen, überlegen Sie: Was könnte das
  verursacht haben? Geräusche, Gerüche? Ist es zu warm
  oder vielleicht zugig? Überlegen Sie, ob Sie diese Faktoren
  abstellen können und wiederholen Sie dann die Übung.
- Wenn Sie das Gefühl hatten, nicht am rechten Platz
  zu sein, suchen Sie sich einen anderen Ort aus und wiederholen die Übung.

Ist Ihnen das Wechseln leicht gefallen?
- Wenn Sie gegen etwas gestoßen sind, dann machen
  Sie sich mehr Platz.
- Wenn Sie Schwierigkeiten hatten, mit geschlossenen
  Augen auf der Sitzfläche aufzukommen, wiederholen Sie
  das Stuhlwechseln einfach ein paar Mal mit offenen Augen
  und wiederholen Sie die Übung anschließend.

Wenn Sie Ihren Ort gefunden und das Setting eingerichtet haben, können Sie auf Entdeckungsreise gehen. Das Prinzip ist ganz einfach: Sie sprechen mit sich selbst. Jeder hat schon einmal Selbstgespräche geführt – laut oder in Gedanken. Ein Kollege erzählte mir einmal, wie er als Elfjähriger auf einer Jugendlandverschickung allein durch den Wald spazierte – und später von Mitfahrenden veralbert wurde, weil sie ihn zufällig dabei beobachtet hatten. Was hatte er falsch gemacht? Er hatte laut Selbstgespräche geführt. Die Jungs-clique, die sich auf Jugendurlauben immer bildet, lachte ihn dafür aus – und der Anführer sagte, es sei gar nicht deswegen, weil er überhaupt Selbstgespräche führte, sondern weil er so doofe Themen durchgehen würde. Das trieb meinem Kollegen heiße Wogen des Ertapptseins und der Selbstentblößung ins Gesicht. Ihnen bleibt das erspart. Das macht Sie sicher.

Der Selbstdialog als Entdeckungsreise

Sie haben sich bereit gemacht, um herauszufinden, wer oder was Sie belastet. Natürlich haben Sie eine Ahnung oder einen ganz konkreten Ansatz. Vielleicht aber treibt Sie auch nur ein vages Gefühl der Unerfülltheit umher. Wie auch immer: Jetzt ist es Zeit, der Sache auf den Grund zu gehen.

Bevor Sie beginnen, kann es hilfreich sein, sich Dinge aufzu-schreiben. Sie werden nämlich nicht die Selbstgespräche füh-ren, die man normalerweise im Wald beim Spazierengehen führt, sondern Sie führen einen Dialog. Sie reden mit jemandem, auch wenn Sie allein sind. Sie begegnen jemandem.

Deshalb dürfen Sie sich Notizen machen. Schreiben Sie sich Ihre Fragen ruhig vorab auf kleine Karten, damit Sie nichts vergessen. Aber die wichtigsten Dinge brennen Ihnen wahrscheinlich ohnehin so auf den Nägeln, dass Sie sie ohne Gedankenstütze bewältigen.

Übung 6: Gedächtniskarten

Konzentrieren Sie sich auf Ihr Anliegen. Lassen Sie die Dinge, die Sie beschäftigen, vor Ihrem inneren Auge Revue passieren und fühlen Sie einfach in sich hinein. Konzentrieren Sie sich jetzt auf die Fragen, sie Sie beschäftigen. Formulieren Sie sie als „W-Fragen", zum Beispiel:

- Warum empfinde ich immer …
- Was steckt dahinter, wenn ich …
- Wie kommt es, dass ich …

Wenn Sie meinen, dass Sie eine Gedankenstütze für Ihren Selbstdialog gebrauchen können, dann notieren Sie sich jede Frage, die Ihnen relevant vorkommt, auf eine Karte. Sie können diese Karten auf Ihrer Sitzung bereithalten, müssen aber keinen Gebrauch davon machen.

Ich stelle Ihnen nun exemplarisch einige Menschen vor, die sich bereits auf diese Reise begeben haben. Niemanden von ihnen gibt es so im realen Leben, aber sie geben sehr gut wieder, wie es in der Praxis aussieht. Hier sind sie:

Stefan, 41, ist Key Account Manager und hat morgen einen wichtigen Kundentermin. Stefan ist ein ganz normaler Mann, zieht sich gut an, fährt einen BMW, sieht gern Fußball, hat einen Hund und liebt seine Frau. Er ist selbstsicher und charmant – und doch bekommt er immer dann, wenn er einen neuen Kunden besucht, so starkes Lampenfieber, dass er daran zweifelt, ob der Termin überhaupt einen Sinn hat. Am liebsten würde er ihn absagen.

Pauline, 35, achtet sehr auf ihr Äußeres. Ihre Freundinnen beneiden sie, weil sie attraktiv und selbstsicher ist. Aber es hat noch nie für eine feste Beziehung gereicht, die über mehr als ein halbes Jahr gegangen wäre: Männer waren ihr entweder zu dumm, zu langweilig oder zu klammernd. Sie kann sich manchmal überhaupt nicht vorstellen, dass jemand zu ihr passt. Aber sie leidet zunehmend darunter, dass ihr Umfeld Familien gründet. Sie fühlt sich allein.

Sofia, 24, ist bereits mit 16 Jahren aus dem Elternhaus ausgezogen, um mit ihrer Jugendliebe ein neues Leben zu beginnen. Nach einigen Jahren ging die Beziehung in die Brüche, ihr Freund zog aus und sofort bei einer anderen ein. Sie stand gerade vor der Abschlussprüfung ihrer Ausbildung – und versiebte sie. Seither traut sie sich nicht, sie nachzuholen und schlägt sich mit Gelegenheitsjobs durch.

Manfred, 60, hat von seiner Firma ein Angebot zur Altersteilzeit angenommen. Seine aktive Phase, in der er einfach weitergearbeitet hatte, als sei nichts geschehen, ist seit drei Monaten zu Ende. Die plötzliche Beschäftigungslosigkeit weiß er nicht zu nutzen. Er beginnt mit exzessivem Sport und investiert in teure Garderobe und ein Sportauto, obwohl das seine Reserven angreift. Eine Beziehung bringt er jedoch nicht zustande, nicht einmal Frauen anzusprechen traut er sich.

Ana, 52, blickt auf ein Leben voller Abenteuer zurück. Als alleinerziehende, frühe Mutter hat sie ihr eigenes Leben bestritten und einen Sohn großgezogen, der heute glücklicher Familienvater ist. Sie hat einen internationalen Freundeskreis und genießt bescheidenen Ruhm; oft fährt sie in ihre spanische Heimat, um Inspiration zu tanken. Sie ist humorvoll und lebensfroh, aber oft chaotisch und verschwenderisch. Ihr Chaos stört sie, aber sie findet, es gehört zum Abenteuer dazu.

Denis, 46, hat sich spät im Leben selbständig gemacht. Im Rückblick weiß er selbst gar nicht mehr, was ihn dazu verleitete, mit einer Abfindung sein Unternehmen zu verlassen. War es wirklich der Reiz des Geldes? Die Lust auf Neues, auf Unabhängigkeit? Oder doch die belastende Konstellation im Büro? Nach einem guten Start hat er eine Phase, in der er nicht vorankommt: manisches Arbeiten wechselt sich mit Phasen völliger Antriebslosigkeit ab.

All diese Menschen haben am Anfang nicht gewusst, mit wem sie etwas besprechen sollten. Und ich kann Ihnen bereits vorab verraten, dass sie alle ganz unterschiedliche Gesprächspartner entdeckt haben. Wir treffen Menschen, die wir lange nicht mehr gesehen haben, manche sind nicht mehr ansprechbar oder völlig unbekannt. Wen sie sich ausgesucht haben, erfahren Sie gleich.

Das erste Gespräch

Endlich ist es soweit: Sie führen Ihren ersten Dialog. Sie haben sich an Ihrem Lieblingsort eingerichtet, das Setting hergestellt, Notizkarten bereitgelegt ... Es kann losgehen.

Lassen Sie sich ganz auf die Situation ein. Konzentrieren Sie sich auf sich und Ihren Körper, kommen Sie zur Ruhe, versinken Sie in sich selbst. Wahrscheinlich gelingt Ihnen dies jetzt besser als in den ersten Übungen, oft reichen fünf Minuten.

Übung 7: Gesprächsbeginn

Schließen Sie die Augen. Benennen Sie Ihren Gesprächspartner laut und deutlich. Sprechen Sie ihn mit Namen an. Stellen Sie ihm eine Frage und wiederholen Sie dabei seinen Namen.

Wechseln Sie nun – immer noch mit geschlossenen Augen – den Platz und setzen Sie sich auf den Stuhl gegenüber. Sie sind nun der Gesprächspartner, der innere Anteil Ihrer selbst, mit dem Sie sprechen möchten. Sie können die Rolle gut ausfüllen, weil diese Rolle ohnehin ein Teil Ihrer selbst ist – auch wenn Sie sie zuvor Mama, Gott, mein Antreiber, Paul oder Claudia genannt haben. Antworten Sie auf die eben gestellte Frage. Antworten Sie so lange, wie Sie meinen, dass Sie sprechen müssen – aber antworten Sie.

Wechseln Sie wieder zurück auf Ihren ersten Platz und stellen Sie entweder die nächste Frage oder geben Sie eine Replik auf die Antwort. Lassen Sie die Augen immer geschlossen. Wenn Sie eine Fragekarte zu Rate ziehen wollen, ist kurzes Blinzeln erlaubt. Aber sehr wahrscheinlich werden Sie davon keinen Gebrauch machen.

Dann wechseln Sie wieder auf den Platz des Gesprächspartners. Sie dürfen auch als Gesprächspartner Fragen stellen.

Sie werden durchaus einige Male den Stuhl hin- und herwechseln. Es ist ganz wichtig, dass Sie Ihren Gesprächspartner viele Dinge fragen und dass Sie als der Gesprächspartner auch Antworten geben. Seien Sie vorsichtig, wenn Sie Vorwürfe formulieren oder gar Beleidigungen aussprechen – die richten sich ja schließlich gegen Sie selbst. Wenn Sie den entsprechenden Charakter mitbringen, der das aushält, ist es okay. Wenn Sie aber sensibel und empfindlich sind, besteht die Gefahr, dass Sie als andere Seite dann verstummen oder sich in einen absurden Krach mit sich selbst hineinsteigern.

Übung 8: Gesprächsabschluss

Nachdem Sie Fragen und Antworten ausgetauscht haben, versuchen Sie, zu einem Ergebnis zu kommen. Sie können auch als andere Seite Angebote formulieren. Als Sie selbst haben Sie die Möglichkeit, dem Anteil, mit dem Sie reden, eine neue Rolle zuzuweisen. Sie können zum Beispiel sagen, dass sich der innere Kritiker eine neue Aufgabe suchen soll. Oder dass Ihre Ex-Freundin aufhören soll, in Ihren Alltag einzudringen.

Diesen Gesprächspartnern sind Sie umgekehrt natürlich verpflichtet, bei ihrer neuen Rolle zu helfen. Sie können dem inneren Kritiker sagen, dass er ab jetzt lieber helfen soll, Sie schlagfertig zu machen, statt Sie fertig zu machen; eine Verflossene könnte sich als schöne Erinnerung einen fest reservierten, ewigen Platz in Ihrem Herzen einrichten, den sie aber nicht mehr verlassen darf. Versprechen Sie ihr, dort ab und zu vorbeizuschauen und mit ihr zu reden. Ein übermächtiger Vater darf die Rolle des Ratgebers einnehmen, solange er keine moralischen Urteile abgibt.

Irgendwann haben Sie sich ausgesprochen. Zeit spielt ohnehin keine Rolle, es ist also von untergeordneter Bedeutung, ob Sie den Dialog über zwanzig oder vierzig Minuten führen. In der Tat ist das das ungefähre Zeitfenster für das erste Gespräch. Gerät es deutlich kürzer als zwanzig Minuten, könnte es nicht ergiebig genug sein; Sie bewegen sich dann vielleicht nur kurz in eine tiefere Sphäre. Gespräche von einer Stunde oder länger leiden unter demselben Problem: das Gespräch kann verflachen und zu einer spielerischen Plauderei werden. Bleibt es tief, dann ist es ein Gespräch, das schon lange nötig war und in dem Sie viele Dinge klären mussten. Achten Sie in diesem Fall darauf, sich alle Inhalte gut zu merken.

Wenn das Gespräch an ein Ende kommt und Sie mit Ihrem Gesprächspartner eine Verabredung oder ein sonstiges Ergebnis erreicht haben, verabschieden Sie sich.

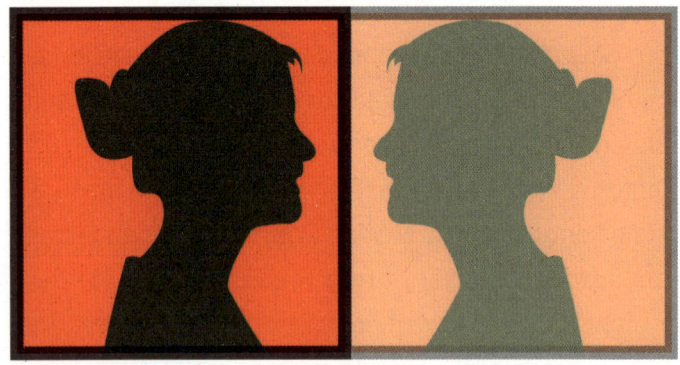

Übung 9: Abschied

Geben Sie sich selbst die Hand. Umarmen Sie sich selbst. Geben Sie sich möglicherweise auch einen Kuss, vielleicht auf die Hand oder die Schulter – oder ergreifen Sie Ihren Unterarm und tätscheln ihn. Gestalten Sie den Abschied so, wie Sie sich auch von einem Menschen verabschieden würden.

Das Gespräch ist nun beendet.

Übung 10: Der Pakt

Am Ende Ihres Dialoges sind Sie zu einem Ergebnis gekommen. Wenn Sie nun Ihre Augen öffnen, dann schreiben Sie es nieder. Sofort. Legen Sie genau fest, was jeder von Ihnen nun als Aufgabe zu erledigen hat, woran er sich halten muss, wann er unterstützend eingreifen darf. Sie dürfen das als Checkliste aufbauen oder als Vertrag, als Brief oder als Notiz. Aber schreiben Sie es auf. Zum Beispiel so:

Mein Gesprächspartner heißt:

Wir haben heute eine Vereinbarung getroffen. Er wird ab sofort folgende Dinge nicht mehr tun:

Ich bin ihm dankbar, dass er immer an mich gedacht hat und dass er gute Gründe für sein Handeln hatte. Aber das Leben ist weitergegangen und wir brauchen eine neue Grundlage.

Deshalb haben wir heute gemeinsam beschlossen, dass er folgende neue Aufgabe erhält:

Wir werden uns regelmäßig zum Gespräch treffen und sehen, ob er seine Aufgabe gut erfüllt. Ich werde dafür sorgen, dass er es so tun kann, wie ich es mir wünsche.

Dies ist nun so beschlossen zwischen mir und

Praxisfall: Stefan, 41, Key-Account-Manager

Stefan hat sich überlegt, dass es nicht normal sein kann, als Vertriebsmensch Angst vor Kundenterminen zu haben und will dies mit allen Mitteln abstellen. Lampenfieber, das hat er zwischenzeitlich von vielen seiner Freunde und auch von seiner Frau bestätigt bekommen, ist allerdings ein völlig normales Phänomen. Hinzu kommt, dass beinahe jede Kundenbeziehung, die Stefan begonnen hat, anschließend fruchtbar, gewinnbringend und angenehm war.

Wo kann er ansetzen? Er hatte keine schwierige Kindheit, von traumatischen Erlebnissen im Leben ist er komplett verschont worden. In sich selbst bleibt es stumm, wenn er dem Lampenfieber auf den Grund gehen will. Eines Abends probiert er etwas aus: Er stellt seiner Frau beim Abendessen die Frage: „Wenn du tierisch Bammel vor einem Termin mit einem Menschen hättest, von dem du etwas willst und du könntest dir wünschen, dass dir jemand eine wichtige Frage beantwortet, um deine Angst abzustellen, wer wäre das für dich?" Seine Frau sieht ihn verdutzt an und sagt dann ziemlich spontan: „Na, der, mit dem ich den Termin hab, natürlich."

Darauf wäre Stefan im Traum nicht gekommen. So einfach ist das: er fragt einfach seinen Kunden! Er weiß ein paar Dinge über ihn: Er heißt Roland Kuhlmann, ist Mitte Fünfzig, für den Leiter eines mittelständischen Unternehmens erstaunlich weltläufig und sieht so aus, wie man sich eigentlich einen Segler vorstellt: schlank, sportlich, braungebrannt, silberne Haare, breites Lachen, sehr selbstsicher. Stefan dagegen ist eher untersetzt und hat einen sehr blassen Hauttyp, punktet aber dafür mit einem gewinnenden Wesen, Erfahrung und Menschenkenntnis. Nachdem er das Setting hergerichtet und sich in die Situation hineingefühlt hat, beginnt sein Dialog. Er wird hier (wie die folgenden Dialoge auch) sinnwahrend gekürzt wiedergegeben.

Stefan: „Herr Kuhlmann, ich kenne Sie nicht, aber ich möchte mit Ihnen sprechen." (Pause) „Ich möchte von Ihnen wissen, warum Sie mir Angst machen." Er wartet ein bisschen, dann wechselt er den Platz.

Kuhlmann: „Ich mache Ihnen Angst? Das finde ich seltsam." (lacht) „Ich finde es lustig, wenn ein Vertriebsmann Angst hat. Sie sind sicher kein Anfänger und Sie werden dafür bezahlt, dass Sie sich nicht hinter dem Schreibtisch verkriechen sondern es mit mir aufnehmen." (Pause) „Warum mache ich Ihnen Angst? Vielleicht, weil ich keinen Chef habe, sondern einer bin. Ich bin frei, Sie nicht."

Stefan: „Ich habe mich für mein Leben entschieden. Dass ich einen Chef habe, heißt nicht einmal, dass ich weniger Freiheiten habe als Sie. Sie sind frei, aber nicht von Ihrem Unternehmen – und ich habe Freiheiten, die ich mir herausnehmen kann und Sie nicht. Sie sehen, das ist nicht der Grund, warum Sie mir Angst einjagen. Auch nicht, dass Sie besser aussehen als ich oder mehr Macht besitzen." (Pause) „Sie können hier lange Ihre angeblichen Vorteile auswalzen, das trifft mich nicht. Warum habe ich trotzdem Angst? Nun sagen Sie es mir doch einfach."

Kuhlmann: „Sie reden sehr selbstbewusst. Ich bezweifle, dass Sie überhaupt Angst vor mir haben. Wissen Sie, was Sie machen? Sie überlassen mir mein Terrain. Die Tugend jedes Vertriebsmannes – nicht dem Kunden reinreden, was besser für ihn ist, sondern ihn als das ernst nehmen, was er ist. Wenn

Sie Angst haben, liegt das in irgendetwas begründet, das nicht wichtig ist und nichts mit mir zu tun hat. Denn Sie können Ihr eigenes Terrain umso besser beackern, wenn Sie mir meines nicht streitig machen."

Stefan: „Danke." (überlegt lange) „Was könnte das Unwichtige sein, das mir Angst macht? Wenn ich als Person gefestigt genug bin, dann liegt es vielleicht wirklich nicht daran, dass ich Unzulänglichkeiten habe, für die ich mich schämen muss. Aber was ist es dann? Dass ich nicht weiß, was Sie von mir erwarten?"

Kuhlmann: „Ich sage Ihnen ja, was ich will. Hören Sie, ich bin es gewohnt zu bekommen, was ich will. Und es entsprechend zu artikulieren. Aber ich brauche keine Speichellecker um mich. Ich weiß, dass alles einen Preis hat. Wenn Ihre Dienstleistung etwas kostet, dann überrascht mich das nicht. Ich werde Ihnen deshalb keine Szene machen. Aber ich kann Ihnen sagen, was ich nicht will: Zeitverschwendung und Herumgeeiere. Dass Sie mich nächste Woche besuchen, ist ein Zeichen der Wertschätzung meinerseits. Bereiten Sie sich gut vor und klauen Sie nicht meine Zeit."

Stefan: „Die Vorbereitung ist immer so eine Sache. Vielleicht haben Sie einen Punkt erwischt, den ich nicht so auf dem Schirm hatte. Ich erwarte immer von unserem Marketing, perfekt gebrieft zu werden. Aber mich auf Sie persönlich vorzubereiten ist meine eigene Aufgabe. Was kann ich noch über Sie lernen? Wie kann ich Sie als Person begeistern?"

Kuhlmann: „Das werde ich Ihnen doch nicht auf die Nase binden. Und hören Sie mit der Begeisterungs-Nummer auf, diesen Quatsch mit der Kundenbegeisterung kann ich schon lange nicht mehr hören. Ich will Geschäfte machen, nicht auf die Kirmes gehen." (lange Pause) „Ich wollte mich eigentlich nicht so unwirsch gebärden. Sehen Sie, wenn Sie mich mit dummen Fragen reizen, werde ich unfreundlich. Respekt erhalten Sie, wenn Sie sich nicht kleiner machen, als Sie sind."

Stefan: „Ich schlage einen Deal vor. Ich werde Ihnen in jeder Beziehung auf Augenhöhe begegnen. Ich bin sachlich und menschlich auf Sie vorbereitet. Und Sie sind dafür freundlich. Ich kann Unfreundlichkeit nicht leiden."

Kuhlmann: „Abgemacht. Ich bin gespannt auf unser Treffen."

Stefan: „Herr Kuhlmann, ich habe mich gefreut Sie kennenzulernen. Danke, dass wir gesprochen haben."

Er ergreift seine linke Hand mit der rechten und drückt kurz und fest zu. Dann öffnet er die Augen.
Stefan staunt. Nie hätte er gedacht, dass in der Rolle des Kunden so wichtige Hinweise aus seinem eigenen Mund kommen würden. Natürlich kennt er Herrn Kuhlmann jetzt immer noch keinen Deut besser als zuvor. Aber er kennt sich selbst besser. Aus ihm sprach die Stimme, die ihm fünfzehn Jahre vertriebliche Erfahrung verliehen und dem Archetypen Kuhlmann eine realistische Aura gegeben haben. Der „Deal", den Stefan mit seinem Interessenten jetzt schon geschlossen

hat, ruht nur in ihm selbst und verändert nicht die Grundkon-
stellation. Aber mit dem geschärften Bewusstsein für die An-
sprüche und Anknüpfungspunkte mit Kunden wie Herrn
Kuhlmann wird ihm sein Termin leichter fallen. Und damit
haben sich die realen Verhältnisse durchaus zu Stefans Gunsten-
ten bewegt, denn ein entspannterer Bewusstseinszustand ist
ein wichtiger Faktor in einem persönlichen Gespräch.

Übung 11: Gesprächspartner visualisieren

Stefan hat Glück. Er hat ein Foto von seinem Gesprächspartner gesehen und kann ihn sich bildlich vorstellen. Versuchen
Sie nun das Gleiche. Stellen Sie sich die Person vor, mit der Sie
reden möchten. Ist sie männlich oder weiblich? Wie alt ist sie?
Wie sind die Haare, die Augen, der Mund? Welche Kleidung
trägt Ihr Gesprächspartner? Trägt er Schmuck, hat er eine Be-
hinderung? Alles ist wichtig, wenn Sie mit jemandem reden
wollen, dem Sie als Mensch begegnen wollen. Sie können natürlich noch über Stefans Kenntnisstand hinaus Dinge über
Ihren Gesprächspartner festlegen.

Machen Sie sich eine Liste, wenn Sie nicht sicher sind. Hier einige Anregungspunkte:

Geschlecht: ....

Alter: ....

Voller Name: ....

Beruf: ....

Augenfarbe: ....

Hautfarbe: ....

Haarfarbe: ....

Kleidung: ....

Besondere Merkmale:

....

Lebenseinstellung: ....

Berufliche Einstellung/Arbeitsethos:

....

Gesellschaftliche Einstellung:

....

Politische Einstellung:

....

Sonstige Notizen: ....

....

....

....

Praxisfall: Pauline, 35, Personalreferentin

Pauline ist eine Frau im ständigen Wartestand. Damit ist sie in ihrer Altersklasse nicht allein: viele ihrer Bekannten zweifeln nach wie vor daran, was sie eigentlich machen wollen, was sie glücklich machen würde, was der Traum ihres Lebens wäre. Das Leben in Optionen ist für sie Normalität – und die Schwierigkeit, sich für einen Lebensentwurf zu entscheiden. Sie hat es bislang mit Humor genommen, mit ihren Freundinnen über die tickende Uhr gescherzt und dass sie ja eigentlich alle bei „Sex and the City" hätten mitmachen können, dafür aber einerseits zu hübsch seien und andererseits zu wenig Geld für extravagante Schuhe hätten.

In der Tat ist Pauline eine wirklich gut aussehende Frau – eine Schönste unter Schönen, die auf jeder Party glänzt und Männer um sich schart. Zugleich ist sie zupackend und intelligent, aus Oberflächlichkeiten und Klatsch macht sie sich nichts. Als aber ihre Freundinnen anfangen Familien zu gründen, stellt sie sich Fragen. Sie wird auf einen Junggesellinnenabschied nach dem anderen eingeladen, die Ehemänner sind alle nicht ihr Fall, entweder findet sie sie zu dröge, zu unattraktiv oder ihr Humor gefällt ihr nicht. Gleichwohl merkt sie, dass ihre Freundinnen eine nach der anderen von ihr wegdriften – in die unzugängliche, nervig banale und doch so schwer zu verstehende Sphäre von Familienplanung, Kinderkriegen und Nestbau.

Jäh und spät packt sie der Wunsch, auch eine Familie zu gründen. Sie weiß, dass es unzählige Leidensgenossinnen gibt, die im „Endspurt der Dreißiger" vor lauter Torschlusspanik das falsche Los gezogen haben. Aber sie weiß, was sie kann, wenn sie will – und sie muss herausfinden, warum es ihr bislang am Willen gemangelt hat. Es muss in ihr liegen, in ihrer perfektionistischen Seite, der sie auf den Grund gehen will.

Sie hat sich lange selbst befragt und schon seit einiger Zeit in sich eine andere Pauline ausgemacht, die sie Paula nennt. Wenn sie früher allzu selbstbestimmt auftrat, nannten sie ihre Freundinnen gerne Paula. Heute fühlt sie sich nicht mehr allzu geschmeichelt, wenn sie diesen Spitznamen hört. Paula ist es, mit der sie sprechen möchte.

Pauline: „Paula, bist du da? Ich möchte gerne mit dir sprechen. Ich will von dir wissen, warum ich in meinem Leben noch nichts geschafft habe." (Ist das nicht allzu dick aufgetragen? Pauline zögert. Es dauert eine ganze Zeit, bis sie den Mut hat, sich auf den Paula-Stuhl zu setzen)

Paula: „Du bist mir ja gut. Du hast einen ordentlichen Job und kannst dir drei Urlaube im Jahr leisten. Wenn du mir so kommst, dann geht's bestimmt um deinen Kinderwunsch. Okay, ich verstehe, dass du Kinder willst – und Partner sind ja sogar verfügbar. Aber hast du wirklich Lust, dir so einen Heini aus der Nachbarschaft zu nehmen? Ich habe diese Familien alle gesehen: Der Typ hat kurze Hosen, Baseballkappe und trägt Sandalen mit Socken, die Frau verfettet direkt nach der Hochzeit und lässt sich sinnlose Tattoos stechen, die Kinder quengeln den ganzen Tag und alle sind unglücklich."

Pauline: „Naja, ich kenne so Familien auch. Aber glaubst du tatsächlich, dass es deine Rolle ist, mich vor Typen zu schützen, die ich sowieso nicht will?" (Pause) „Du redest respektlos mit mir, weißt du das eigentlich?"

Paula: „Du bist ja auch sowas von begriffsstutzig. Guck dich doch an: blonde lange Haare, geile Beine, Pumplippen, du hast doch alles. Wenn du dir deine Arschbacken-Shorts anziehst, passieren hinter dir Verkehrsunfälle. Du geile Sau kannst dich auf jedem Bürgersteig reproduzieren, wenn du nur willst. Denk mal an die, die fett sind und schmallippig dazu und vielleicht noch ein haariges Muttermal im Gesicht. Die haben ein Recht auf Mitleid, nicht du."

Pauline: „Du bist eine unverschämte Besserwisserin. Ich mag das nicht." (lehnt sich zurück und spricht nicht mehr).

Eine halbe Stunde verstreicht.

Pauline: „Paula, bist du noch da?"

Paula: „Ich bin immer da, das weißt du doch. Ich habe lange auf dich gewartet. So leicht wirst du mich nicht mehr los."

Pauline: „Ich möchte nicht mehr, dass du mir Komplimente machst. Schon gar nicht so vulgäre Komplimente. Ich will nicht für einen geilen Arsch gelobt werden. Ich will einen Mann, der mich so akzeptiert, wie ich bin. Ich habe Fehler, verdammt noch mal!"

Paula: „Das habe ich noch nie von dir gehört. Bisher habe ich dich vor den Pennern geschützt, die dich nur haben wollten, wenn du was von dir gezeigt hast. Die tollen Typen, die dir immer gleich die Beine getätschelt haben oder die Vollpfosten, die dir an der Theke ihr Leben vorlallten. Soll ich damit wirklich aufhören? Nachher gründest du eine Familie mit so einem. Das kann dich doch kaum glücklich machen."

Paula: „Weißt du was? Dass mir einer an den Schenkel fasst, kann ich immer noch mit einer Ohrfeige beantworten. Es ist nicht deine Aufgabe zu entscheiden, ob ich mit ihm eine Familie gründe. Okay? Du hältst dich da ab jetzt raus."

Paula: „Das kann ich nicht. Du hast ja keine Ahnung, mit welchen Typen du dich da einlässt. Du bist doch gar nicht reif für… Du kannst doch gar nicht einschätzen, wer dich da wieder verletzen will. Überleg doch mal, wie oft du heulend in den Kissen gelegen hast, du…du…dummes Mädchen!"

Pauline: „Ich bin nicht dumm!" (sehr aufgewühlt versucht sie, wieder die Oberhand zu gewinnen und sammelt sich zunächst) „Du hast kein Recht, so mit mir zu reden, Paula. Ich möchte jemanden lieben, verstehst du? Du verhinderst das. Du legst derart hohe Maßstäbe an, dass ich mich kaum noch traue, mich nach einem hübschen Mann umzudrehen."

Paula: „Ich will dich nicht verletzen. Aber was bringt dir denn ein hübscher Mann? Das ist doch genau die Sorte, die es geschafft hat, dich am tiefsten zu verletzen. Dagegen bin ich doch harmlos."

Pauline: „Ich möchte aber einen hübschen Mann. Und er soll auch was im Kopf haben. Ich weiß, dass das geht. Ich würde mich wirklich freuen, wenn du mir helfen könntest. Nicht beim Ablehnen, sondern auch beim Zustimmen. Ich bin es langsam satt, immer die Zierpflanze zu sein. Hilfst du mir?"

Paula: „Ich weiß nicht, wie ich dir sonst noch helfen kann. Meine Aufgabe ist es, dich zu schützen."

Pauline: „Das tust du auch. Viel zu gut sogar; du schützt mich vor meinem eigenen Leben!" (sie ringt um Fassung, überwältigt von der Wucht ihrer spontanen Erkenntnis. Wieder schweigt sie) „Weißt du, ich bin dir ja sogar dankbar dafür, dass du mich in manches Abenteuer gar nicht erst gelassen hast. Aber es geht so nicht mehr weiter. Ich brauche deine Macht und deine Energie für andere Ziele. Ich will mir endlich etwas aufbauen."

Paula: „Endlich nimmst du mich ernst." (schweigt) „Okay, ich helfe dir. Was soll ich genau tun?"

Pauline: „Ich möchte, dass du mich wachsam für die Gelegenheit machst. Und dich klug zurückhältst, wenn ich dabei bin, mich zu verlieben. Du könntest doch zum Ziel haben, mich möglichst charmant zu machen. Das ist, was ich wirklich an mir vermisse. Ich möchte nicht die spröde Schönheit sein. Ich will mir meinen Mann erobern können und nicht immer den übriggebliebenen Schrott abwehren, der sich dann doch noch traut. Wäre das eine Aufgabe für dich?"

Paula: „So kenne ich dich gar nicht. Du hast noch nie so vernünftig geredet wie jetzt. Ich will dir helfen."

Pauline: „Ich danke dir, Paula. Du bist ein wertvoller Teil von mir. Ich freue mich auf unsere Aufgabe."

Pauline schlingt die Arme um ihre Schultern und bleibt in der Haltung, bis sie fühlt, dass der Pakt wirklich geschlossen ist. Dann öffnet sie die Augen.

Übung 12: Der Partner in Ihrem Körper

Setzen Sie sich auf Ihren Stuhl und schließen Sie die Augen. Wo ist Ihr Gesprächspartner? Wo in Ihrem Körper fühlen Sie ihn gerade? Er kann in Ihrem Kopf sitzen oder im Bauch, im Becken oder rückwärts aus Ihnen herausschauen. Er kann sich anfühlen wie ein Stein, wie ein Schleier oder wie eine pulsierende Beule. Das sind nur wenige Möglichkeiten. Lassen Sie die Augen geschlossen, bis Sie ihn fühlen. Sagen Sie laut und deutlich, wo er ist, indem Sie ihn mit Namen ansprechen und sagen: „Hallo ...., ich spüre dich deutlich. Du bist in .... Schön, dass ich dich entdeckt habe."

Pauline hat in ihrer Übung etwas sehr richtig gemacht. Was glauben Sie, was das sein könnte? Dass sie auf die Lösung ihres Problems gekommen ist? Dass sie sich präzise ausgedrückt hat? Dass sie zum Ziel gekommen ist? Alles richtig. Aber das Wichtigste, was sie berücksichtigt hat, ist, dass sie Ihre Teilpersönlichkeit Paula nicht als Gegnerin oder gar Feindin begriffen hat. Diese Wertschätzung ist sehr wichtig und macht alle anderen Erfolge überhaupt erst möglich. Wer seinen inneren Kritiker in Grund und Boden stampfen möchte, verdrängt ihn nur immer weiter nach innen, wo er nicht mehr erreichbar ist. Natürlich hat sie nicht immer nett mit ihm gesprochen, aber das ist Ermessenssache. Wichtig ist die Absicht dahinter. Auch der innere Kritiker redet ja oft alles andere als freundlich.

Trotzdem hat sie den inneren Kritiker akzeptiert und gewertschätzt, so schwer ihr das auch gefallen ist. Aber es hat die Grundlage für eine Verabredung auf Augenhöhe geschaffen, die gute Chancen auf Umsetzung hat.

Praxisfall: Sofia, 24, arbeitslos

Sofia macht eine schwere Zeit durch, seit ihr Freund Matthis sie vor anderthalb Jahren verlassen hat. Es hatte immer öfter Krach gegeben – wegen Kleinigkeiten, wie Sofia fand. Sie fiel aus allen Wolken, als er ihr den Laufpass gab, auszog und bei Nadine, einer gemeinsamen Bekannten, einzog. Nadine ist fast dreißig und in fast jeder Beziehung anders als sie selbst: drall, extrovertiert, sinnlich. Matthis hatte Sofia immer versichert, wie er sie für ihre schüchtern-mädchenhafte Art liebte, für ihr androgynes Aussehen und ihren verträumten Blick. Als es gerade passiert war, resümierte Sofia bitter, dass sie wohl die einzige Frau auf der Welt sei, die für eine fettere, ältere sitzengelassen worden sei, statt für eine jüngere, schlankere.

Sie hatte sich ein Leben ohne Matthis gar nicht mehr vorstellen können. Er war ihr Bezugspunkt, ihr Lebensmittelpunkt. Schließlich war er ihr erster und einziger Lebensgefährte gewesen, für den sie ihr Elternhaus sehr früh verlassen hatte. Sie stand vor Ihrer Abschlussprüfung als Mediengestalterin, als der Bruch kam, und litt in der schriftlichen Prüfung unter einem Blackout. Sie gab ihre Arbeit gar nicht erst ab, sondern verließ den Prüfungsraum mitten in der Klausur, erschien auch nicht zum Nachholtermin. Dabei hatte sie in der Ausbildung mit Hingabe und Leistung geglänzt.

Ihre Aushilfsjobs als Kellnerin hasst sie. Babysitten kann sie vergessen, es bringt nicht genug ein, um ihre kleine Wohnung zu finanzieren. Offiziell ist sie arbeitslos und bekommt

Druck vom Arbeitsamt, sich zu bewerben oder zu qualifizieren, will sie nicht ihre Gelder gekürzt bekommen. An ihrem anstrengenden, freudlosen Leben gibt sie Matthis die Schuld. Sie möchte ihm das sagen. Und doch beginnt sie mit etwas ganz anderem.

Sofia: „Matthis, ich will, dass du weißt, wie ich mich fühle. Ich fühle mich furchtbar. Ich komme nicht von dir los, obwohl du mich abserviert hast wie ein nutzloses Stück. Warum komme ich nicht von dir los? Liebe ich dich noch? Oder ist es, weil du mich so verletzt hast? Rede mit mir, Matthis!" Ungeduldig wechselt sie auf den Stuhl gegenüber.

Matthis: (gedehnt) „Hi. Bist du das, Sofia?" (Sie nimmt als Matthis eine nachlässige Sitzhaltung ein und grinst idiotisch, wie um ihn zu persiflieren. Es fühlt sich so unecht an, dass sie die Haltung aufgibt und sich wieder normal hinsetzt. Sie braucht einige Zeit, sich wieder darauf konzentrieren zu können, Matthis zu sein.) „Ich habe dich verlassen. Aber ich habe dich nicht abserviert. Ich hatte einfach genug. Du warst so langweilig." (Sofia stutzt selbst, während sie diese Worte an seiner statt ausspricht) „Das ist nicht bös gemeint. Ich denke noch oft an dich. Aber ich wollte mein Leben lieber doch nicht mit dir verbringen. Es wäre für mich kein wirklich erfülltes Leben gewesen."

Sofia: „Warum hast du mir denn nichts gesagt? Ich habe das nicht gewusst. Dass ich langweilig bin – ausgerechnet ich! Das kann doch eigentlich nicht sein. Was habe ich denn falsch gemacht? Und überhaupt: diese Nadine, seit wann lief denn da schon was? Warum hast du mir das verheimlicht? Ich hatte überhaupt keine Chance, um dich zu kämpfen!"

Matthis: „Jetzt bestürm mich nicht mit Fragen. Wo waren wir: Nadine. Ja, das ist ein Ding. Ich hätte mir nie vorstellen können, mich in eine wie Nadine zu verlieben. Ist aber so gekommen. Es war nicht lange, dass ich euch parallel hatte, vielleicht ein, zwei Wochen. Du hättest es sonst ohnehin gemerkt. Es war sowas wie eine spontane Eingebung. Sie ist purer Sex und totale Lebenslust. Dir ist sie bestimmt nicht schön genug. Aber es gibt Frauen, die appellieren einfach an dich. Die sagen: „Wir rollen jetzt gemeinsam die Nacht auf!" (Pause) „Sie ist nicht ‚besser' als du, wenn du das meinst mit ‚warum'. Sie ist einfach anders. Vielleicht brauchte ich jetzt mal was anderes."

Sofia: „Jetzt sagst du schon wieder, dass ich öde bin! Aber es hat dich doch angemacht, dass ich die Devote war. Dass ich auch im Bett alles gemacht habe, woran du Spaß hattest. Selbst wenn ich mich manchmal überwinden musste." (legt den Kopf auf ihre Knie und atmet tief) „Ich fühle mich benutzt. Im Nachhinein ist dein ganzes Sex-Gehabe furchtbar fad und dämlich. Du hast mit mir alles gemacht, was du wolltest – und als ich auch noch deinen letzten Wunsch erfüllt habe, war ich durch für dich."

Matthis: „Nein, das stimmt nicht. Ich fand es sehr schön mit dir. Wir waren ein bisschen seelenverwandt und hatten wunderbare Gespräche. Unsere schönen Stunden waren gar nicht die im Bett. Und ich bin auch gar nicht so dominant, wie du glaubst. Sonst hätte ich dich doch nie verlassen. Ich wusste ja, dass du mir meine Wünsche erfüllen würdest, auch die, die Männer sonst nur in Pornos zu sehen kriegen. Aber ich hatte nie den Eindruck, dass auch dir das Spaß gemacht hätte. Ich hätte nie sagen können, ob du überhaupt einen Orgasmus hattest in den ganzen Jahren."

Sofia: „Ich hatte auch keinen. Nie. So, jetzt ist das auch mal raus." (schweigt) „Du warst ein schlechter, egoistischer Liebhaber. Und trotzdem warst du mir der wichtigste und liebste Mensch auf der Welt. Ich hätte alles für dich aufgegeben. Ich wäre dir bis ans Ende der Welt gefolgt. Und jetzt sitze ich hier und habe keine Zukunft."

Matthis: „Sofia. Deine Zukunft gehört dir und sie wird kommen. Jeder Mensch hat eine Zukunft, solange er lebt. Ob die schön oder nicht so schön ist, liegt an dir selbst. Sieh mal, wir waren vierzehn, als wir uns kennenlernten und damals konnten wir es uns gar nicht anders vorstellen, als dass wir ein Paar fürs Leben waren. Und wir haben uns ja auch so benommen. Wir haben mit sechzehn Entscheidungen getroffen, die sich manche mit dreißig nicht zutrauen." (legt eine Pause ein, um die Gedanken zu sortieren) „Das Leben ist aber weitergegangen. Und irgendwann ist das, was mit vierzehn die Welt war, irgendwie viel kleiner und enger. Und passt nicht mehr. Vielleicht waren die letzten zwei Jahre schon zwei Jahre zu viel. Wir haben uns viel gestritten, ich merkte, dass du eifersüchtiger wurdest, was du früher nie warst. Im Bett hast du versucht, mir den Ausgleich dafür zu geben, dass wir immer weniger Gemeinsamkeiten teilten. Tja, und auch das war ja letztlich nichts, woran wir gemeinsam Spaß hatten. Nur ich – und das dann irgendwann auch nicht mehr so richtig."

Sofia: „Willst du mich so etwa trösten? Was du mir angetan hast, war die totale Demütigung. Kein Wort der Erklärung, kein Abschiedsgespräch, nichts! Und dann gleich bei der nächsten unterschlüpfen – was habe ich mich wertlos und allein gefühlt ... ich fühle mich immer noch wertlos. Jetzt habe ich nicht mal einen Berufsabschluss. Ich bin zu nichts mehr zu gebrauchen! Wie konntest du nur! Du Ekel! Du..." (sie bricht in Tränen aus und weint lange und heftig. Es dauert, bis sie sich wieder gefangen hat) „Warum mache ich mich hier so fertig? Du kommst ja doch nicht wieder zurück. Ich glaube, ich will dich auch nicht mehr zurück. So sehr ich dich immer noch liebe. Es wäre die letzte, die schlimmste Erniedrigung, dich wieder bei mir aufzunehmen."

Matthis: „Ich komme auch nie wieder zurück. Ich werde für immer eine Erinnerung bleiben, die langsam schwächer wird. Wer weiß, als was ich in dir überdauern werde. Mit der Zeit trennen sich die Dinge auf. Du wirst an unsere schönen Momente zurückdenken können, ohne dass das Aus unserer Beziehung alles überlagert. Wir sind 24, Sofia! Da ist das Leben noch lange nicht zu Ende. Es geht doch grad erst richtig los!"

Sofia: „Ich werde wohl nie verstehen, warum du aus meinem Leben verschwunden bist wie ein Dieb. Du hättest mir wenigstens mein Herz dalassen können. Bei dir liegt es jetzt nur rum." (Pause) „Du kannst mir gar nichts antworten. Ich fräg dich gar nichts mehr. Ich will dich nur noch vergessen und weiß, dass das nicht geht." (Sie zögert. In ihrem Kopf ist es leer; sie fühlt sich nicht imstande, Fragen zu stellen. Dann setzt sie sich spontan auf den Platz gegenüber)

Matthis: „Vielleicht kann ich dir helfen. Stell dir vor, du wärest an meiner Stelle gewesen. Was hättest du gemacht?" (schweigt lange vor dem erneuten Platzwechsel. Sofia versucht, sich in Matthis hineinzufühlen)

Sofia: „Ich kann es dir nicht sagen. Du wolltest ja weg, nicht ich. Wahrscheinlich gibt es da nichts, was man richtig machen kann." (Pause) „Ich hasse dich nicht. Seltsam, oder? Du hast mir so wehgetan. Aber ich kann dich nicht hassen, selbst das ist dir misslungen. Wolltest du vielleicht, dass ich dich hasse, damit mir der Abschied von dir leichter fällt?"

Matthis: „Nein. Am liebsten wäre mir gewesen, dass du mich nicht mehr liebst. Dass das Auseinanderleben auch bei dir stattgefunden hätte. Ich will dir nicht wehtun, denn ich mag dich nach wie vor sehr. Das ist ja das Tragische, dass man nicht Freunde bleiben kann."

Sofia: „Was mache ich denn jetzt mit dir? Ich kann dich ja leider nicht so einfach loswerden." (schweigt) „Ich will meine Prüfung nachholen. Das kann ich nur, wenn du mich arbeiten lässt."

Matthis: „Denk dir einfach, dass du lernst, um mir im Nachhinein zu zeigen, dass du gewonnen hast. Ich will, dass du gewinnst. Ich verspreche dir, dass ich dir helfe. Ich weiß noch nicht, wie. Vielleicht hilft es, wenn du dir am Anfang sagst: ‚Ich will nicht, dass der noch Macht über mich hat.' Aber vielleicht ist es auch besser, ganz einfach zu sagen: ‚Ich will gewinnen!' Ich weiß, dass du das kannst. Du warst immer sehr gut im Lernen und sehr ehrgeizig."

Sofia: „Danke, Matthis. So machen wir es. Ich will gewinnen. Ich will gewinnen. Ich will gewinnen." (Sie lauscht in sich, es kehrt eine gewisse Ruhe in sie ein) „Ich will gewinnen. Ich will gewinnen." (Sie faltet die Hände, hält sie vor das Gesicht und verbeugt sich)

Es ist nicht alltäglich, dass in einer Selbstcoaching-Sitzung so tiefe Gefühle wie bei Sofia entstehen, aber es kommt durchaus vor. Es ist in ihrem Fall Liebeskummer, verbunden mit einer Selbstwertverletzung und außerdem wirtschaftlichen Problemen, die sie alle auf eine Person zurückgeführt hat. So viele Dinge kommen nur selten zugleich aufeinander. Es ist faszinierend, wie sie es trotzdem geschafft hat, sich einen neuen Weg zu bahnen.

Für Sofia war die Sache damit noch lange nicht erledigt. Sie wiederholte die Sitzung insgesamt drei Mal, in immer längeren Abständen, je weiter sie mit der Verarbeitung vorankam. Vor allem aber half ihr, ihrem Ex-Freund einen langen Brief zu schreiben, in dem all ihre Gefühle, Verletzungen und Hoffnungen Platz hatten. Ein solcher Brief ist nicht dazu gedacht, jemals abgeschickt zu werden. Sie können ihn vielmehr selbst öfter einmal zur Hand nehmen. Manchmal ist es auch sinnvoll, einen zweiten Brief zu schreiben. Ist der Verlust verarbeitet, können Sie den Brief oder die Briefe in einem feierlichen Ritual vernichten.

Übung 13: Einen Brief schreiben

Sollten Sie ein langwieriges, komplexes Problem mit einer anderen Person haben, versuchen Sie es ruhig einmal mit einem Brief. Sie brauchen hierfür eigentlich keine Anleitung. Falls Ihr Schreibfluss stocken sollte, hier ein paar Anregungen:

- Die Anrede dürfen Sie nicht auslassen. Gut ist immer „Liebe(r)...", aber jede andere Anrede geht auch.
- Schreiben Sie ausführlich über Ihre Gedanken und Gefühle.
- Sie dürfen Fragen stellen. Briefe sind dafür da, einfach Dinge in den Raum hineinzurufen.
- Alles muss raus. Ihre tiefsten, schwärzesten Gedanken, die furchtbarsten Schimpfwörter, dramatische Ankündigungen: hier haben sie Platz.
- Vielleicht haben Sie das Bedürfnis nach einem Spannungsbogen. Bauen Sie Ihre Gedanken ruhig beim Schreiben auf und steigern Sie sich. Erzählen Sie ein großes Drama!
- Am Ende des Briefes läuft alles auf einen Abschluss hinaus. Formulieren Sie ihn deutlich.
- Vergessen Sie nie die Unterschrift. Sie werden in den meisten Fällen wohl nur mit Ihrem Vornamen signieren, aber machen Sie ihn so schwungvoll, wie Sie Ihre Unterschrift setzen würden.
- Ob Sie den Brief tippen oder per Hand schreiben, ist nicht wichtig. Sollten Sie ihn tippen, dann drucken Sie ihn aber unbedingt aus und unterschreiben Sie ihn. Dann bewahren Sie ihn irgendwo auf. Physisch. Es werden wohl nur eingefleischte Nerds schaffen, Emotionen dabei zu entwickeln, ihn auf der Festplatte zu verstecken und dann irgendwann „feierlich" zu löschen.

Sie werden schnell merken, dass Schreiben eine sehr eigentümliche Sache ist. Man überlegt beim Formulieren. Fast wie von selbst bemüht man sich um einen guten Stil. Das filtert schon von allein die schlimmsten Grobheiten aus. Dinge leichthin zu sagen oder schriftlich zu formulieren ist ein gewaltiger Unterschied. Wenn Sie dieses Gefühl bekommen, dann können Sie sich gratulieren. Sie leisten in diesem Moment aktive Bewältigungsarbeit.

Praxisfall: Manfred, 60, angehender Rentner

Den Aufstieg in das ganz hohe Management hat Manfred nie geschafft, das wurmt ihn bis heute. Aber als Bereichsleiter hatte er zwischenzeitlich 200 Mitarbeiter unter sich, und das erfüllt ihn durchaus mit Stolz. Sein ganzes Leben war darauf ausgerichtet, vorwärtszukommen. Über seinen beruflichen Ehrgeiz ist, als er Mitte Vierzig war, seine – kinderlos gebliebene – Ehe gescheitert. Seither ist er allein, aber hat ein aktives Sozialleben und durchaus viel liebevollen Kontakt zu Kindern, denn seine Geschwister, die alle Nachwuchs haben, laden ihn gerne ein. Bis zu dem Zeitpunkt, an dem die aktive Phase seiner Altersteilzeit endete, vermisste er in seinem Leben nichts.

Erst der abrupte Übergang in die beschäftigungslose Phase der Altersteilzeit, die dem Rentnerdasein gleichkommt, wirft ihn aus der Bahn. Er ist seines wichtigsten Lebensinhalts beraubt. Sein soziales Umfeld ist sehr geprägt von dem Unternehmen, für das er fünfunddreißig Jahre gearbeitet hat. Der Kontakt zu ehemaligen Arbeitskollegen bleibt, wird aber schnell flüchtiger und es ärgert ihn, dass er die Entwicklungen in seiner Firma nicht mehr richtig mitbekommt.

Es drängt sich noch ein ganz anderes Thema in seinem Leben auf, das innerhalb kurzer Zeit zu seiner neuen Obsession wird: Er wird sich nach langer Zeit seiner Männlichkeit bewusst und möchte dem anderen Geschlecht gefallen. Sein fortgeschrittenes Alter, sein Übergewicht und die mittlerweile mangelnde Erfahrung im werbenden Umgang mit Frauen machen es ihm nicht leicht, die Aufgabe anzugehen. Er stürzt sich in Sport- und Diätexzesse, kleidet sich teuer ein und schafft sich sogar einen Sportflitzer an. Seinen neuen, bescheideneren Finanzrahmen bildet dieses Gehabe nicht ab, schlimmer noch: es ist auch erfolglos. Frauen, denen er imponieren möchte, reagieren nicht auf ihn oder lachen ihn gar aus.

Manfred fühlt sich verletzt und frustriert und möchte wissen, was sein Problem ist. Er begreift nicht, dass ein so wichtiger und geachteter Mann wie er so dumm dastehen kann. Gründlich wie er ist, bereitet er sich auf seinen inneren Dialog vor. Er sitzt manchmal stundenlang auf einer Bank am Fluss und sieht den Sonnenreflexen zu. Dabei lässt er langsam sein Leben Revue passieren und hat ein besonderes Augenmerk auf Begegnungen mit dem anderen Geschlecht. Gerade in seiner Jugend hatte er es immer als sehr belastend empfunden, eine neue Freundin zuhause vorzustellen, aus Angst, sie könne den strengen Kriterien seiner Mutter nicht standhalten. Mit der Zeit wird ihm klar, dass diese Kriterien mit der Zeit zu seinen eigenen wurden. Also beschließt er, seine Mutter zu fragen. Weil sie 94 Jahre alt und dement ist, geht dies nicht mehr von Angesicht zu Angesicht.

Manfred: „Mami, ich weiß, dass es dich noch gibt. Ich muss hier eine Sache mit dir klären und ich tue das so, als ob du schon tot wärst. Ich rede mit dir allein. Bitte verzeih mir das, aber es ist nötig." (Er konzentriert sich lange und versucht, sie sich herbeizurufen. Als er sich ein Bild vor Augen ruft, ist sie nicht die alte Frau von heute, sondern höchstens Mitte Vierzig, viel jünger als er selbst heute) „Da bist du, Mami. Du bist jung. Warum bist du so jung?"

Mami: „Ich bin so, weil du mich sprechen willst. Aber vergiss nicht, dass ich nicht tot bin. Ich erkenne dich kaum noch und werde bald sterben, aber ich kann für dich jung sein. Ich bin so jung, dass ich mich sogar wieder richtig aufregen kann über deine Dummheiten. Weißt du noch, wie mir mal die Hand ausgerutscht ist, als du mich Spießerin genannt hast? Das war das einzige Mal in meinem Leben, dass ich dich gehauen habe." (Pause) „Warum erzähle ich das eigentlich? Du wolltest wissen, warum ich jung bin. Du wolltest aber eigentlich etwas ganz anderes wissen."

Manfred: „Ich möchte von dir wissen, warum ich nie richtig bei Frauen gelandet bin. Ich glaube, das hat mit dir zu tun. Weißt du, was ich denke? Dass sie dir nie gut genug waren und ich irgendwann dasselbe gedacht habe."

Mami: „Ach, Junge. Du beziehst das jetzt auf mich. Aber vielleicht waren sie einfach wirklich nicht gut genug für dich. Das ist doch heute alles ohne Belang, du warst doch noch so jung. Wer weiß, wer heute gut für dich ist."

Manfred: „Ich weiß es jedenfalls nicht. Ich benehme mich so lächerlich wie ein Schuljunge, obwohl ich mittlerweile 60 bin. Ich habe Personalverantwortung gehabt, Projekte geleitet, meinen Mann gestanden, ich galt sogar als harter Hund und es gab Leute, die gesagt haben, man solle sich besser nicht mit mir anlegen. Und jetzt hab ich mir für 200 Euro karierte Bermudas gekauft, weil ich geglaubt habe, dass ich so die Frauen anmache. Und gar nicht mal die jungen. Ich meine die 40 plus.

Mami: „40 plus? Die sind doch immer noch zwanzig Jahre jünger als du! Junge, du musst realistisch sein. Ein Rentner in kurzen Hosen sieht nicht gut aus. Was hast du denn auf einmal mit diesem ganzen Gutaussehenwollen? Du warst so glücklich dein ganzes Leben lang. Du hattest eine gute Arbeit, eine Familie, die dir Halt gibt, du hast die ganze Welt bereist, beruflich und privat… Genieß doch deinen Feierabend. Setz dich in den Garten und lass es dir gutgehen!"

Manfred: „Das hatte ich nach zwei Tagen satt. Ich bin jetzt fünfzehn Jahre ohne Frau, ich möchte eine neue kennenlernen. Ich möchte eine Gefährtin haben, nicht so eine Luxusmieze wie Gabi damals. Mein Lebensabend ist noch lang, ich will nicht, dass er langweilig wird." (denkt nach) „Mami, ich würde mich freuen, wenn du mich nicht immer ‚Junge' nennen würdest. Ich bin sechzig. Nenn mich bitte Manfred."

Mami: „Gut, Manfred. Schließlich habe ich dir deinen Namen gegeben." (Pause) „Eine Gefährtin möchtest du? Dann mach das doch. Warum glaubst du, dass ich dich zurückhalte?"

Manfred: „Du hast mich nicht verstanden. Natürlich hast du mich nie zurückgehalten. Aber du hast mir immer zu verstehen gegeben, dass ich meine Frauen weit unter meinem Niveau aussuche. Egal, mit wem ich ankam, du hast dich immer sehr abschätzig verhalten. Das prägt mich bis heute. Ich sehe eine Frau und denke mir: ‚Die würde ich aber gerne einmal kennenlernen.' Und im selben Moment kommen mir Bedenken, dass sie vielleicht nichts für mich ist: zu klein, zu mollig, zu hohe Stimme, zu oberflächlich, nicht der gewünschte Kleidungsstil, vielleicht unselbständig oder ungebildet, wer weiß, und was mache ich, wenn sie lauter Kinder hat, die sie durchbringen muss und mir nur deshalb schöne Augen macht, weil ich die mit durchfüttern soll?" (Er überlegt) „Das alles sind Gedanken, die mir kommen – und dann lasse ich es lieber. Seit ich kein Manager mehr bin, ist es noch schlimmer. Jetzt bin ich ja selbst nicht mehr gut genug für mein früheres Niveau. Den Trumpf des erfolgreichen Geldverdieners hat mir diese verdammte Altersteilzeit aus der Hand geschlagen." (Pause) „Wenn ich das alles gewusst hätte, hätte ich das Angebot abgelehnt."

Mami: „Manfred, du bist ein erfolgreicher Mann. Nur weil du jetzt endlich mal in Rente bist, heißt das doch nicht, dass du nichts mehr zählst. Du kannst immer noch beeindrucken. Aber warum willst du das mit Äußerlichkeiten tun? Das war noch nie deine Stärke. Lass doch einfach deine Anzüge von früher an, da musst du nicht aussuchen. Und ich kann dir auch nichts mehr rauslegen." (lacht) „Tut mir leid, mein Junge, Manfred, ich höre mich gerade wirklich wie eine

Übermutter an. Aber ich wollte dir damit nur sagen, dass du einfach keinen sicheren Geschmack hast. Als Manager brauchtest du auch keinen, schließlich hattest du einen gewünschten Kleidungsstil im Konzern. Das war das Beste, was dir passieren konnte. Ein Anzug kleidet jeden Mann."

Manfred: „Daran hatte ich noch nicht gedacht. Du bist wirklich eine Hilfe fürs Leben, Mami. Und weißt du was? Ich werde auch wieder arbeiten. Ich war fest entschlossen, den Lebensabend zu genießen und merke erst jetzt, dass es die Strafe Gottes ist. Ich gehöre an den Schreibtisch." (überlegt lange) „Projektleitung und Consulting als e. K., oder ich gründe eine GmbH, vielleicht nehme ich ein, zwei Partner dazu. Das muss doch gehen. Ich wüsste auch schon, wen ich anrufe. Hoffentlich sind meine alten Netzwerke noch stabil genug. Ich glaube, da fange ich als erstes an. Und unbedingt die ersten potenziellen Kunden aufbauen. Das…" (stutzt) „Mami, ich weiß nicht warum, aber du hast mir gerade die ganze Energie wiedergegeben, die mir gefehlt hat. Ich danke dir. Danke."

Mami: „Bitte, mein Sohn. Siehst du, ich hatte recht, du bist schon etwas Besonderes."

Manfred: „Wir haben unser Thema aber gar nicht mehr weiter besprochen. Ich habe ja nicht vor, mich in 16-Stunden-Tage zu stürzen, das würde ich nicht lange durchhalten. Und eine Gefährtin möchte ich nach wie vor. Ich habe gar keine Lust, dir jetzt noch weiter Vorhaltungen zu machen, jetzt wo ich einen neuen Lebensplan entwickle. Aber ich möchte dich trotzdem darum bitten, mich bei der Partnerwahl nicht mit überzogenen Ansprüchen zu quälen. Ist das okay für dich?"

Mami: „Sieh mal, Manfred: die Rente hat dir zwei Sachen nacheinander vor Augen geführt. Erstens: Du möchtest eine Frau. Zweitens: Du möchtest gar nicht Rentner sein. Aber hättest du die Rente nie eingereicht – ja, ich weiß, du bist ja noch nicht offiziell in Rente – trotzdem! Du hättest einfach blind weitergemacht. Jetzt machst du weiter, aber nicht blind, sondern unter ganz anderen Vorzeichen. Wer soll dir da im Weg stehen? Weißt du, was ich machen würde, damit das auch was wird? Ich würde eine Annonce aufgeben oder besser noch zu einem Vermittlungsbüro gehen."

Manfred: „Das würdest du machen? Das sieht dir überhaupt nicht ähnlich!" (überlegt) „Willst du dich selbst austricksen oder mich?" (überlegt weiter) „Nein, du bist dabei, deine Nachfolge aufzubauen." (lacht plötzlich auf) „Das ist wie der Anzug, oder? Wenn du mir keine Wäsche rauslegst, brauche ich halt einen Dresscode. Wenn ich keinen sicheren Geschmack für die richtige Frau habe, dann lege ich ihn vertrauensvoll in die Hände eines Dienstleisters. Und der präsentiert mir drei Vorschläge, dann treffe ich mich mit den Damen und habe die Aussicht, dass es auch endlich was gibt." (lacht nochmals) „Und da brauche ich dich gar nicht für, genauso wenig wie für die Garderobe! Weil ich mich an Profis wende, brauchst du dich überhaupt nicht einzuschalten! Mami, du bist genial!"

Mami: „Du kannst auch etwas für mich tun, mein geliebter Sohn. Besuch mich mal im Altersheim, solange ich noch auf der Welt bin. Ich weiß, es ist weit weg und die meiste Zeit sitze ich nur rum und bin ausdruckslos. Aber ich freue mich, dich zu sehen. Sieh mich an: In der uralten Frau stecke ich noch drin. Auch wenn du mich dort nicht mehr erkennen kannst."

Manfred: „Das mache ich, Mami. Das mache ich. Ich bin dankbar für alles, was du für mich getan hast. (Er ergreift ein kleines Amulett mit ihrem Foto und hält es lange in der Hand. Dann führt er die Hand zum Herz und drückt sie gegen sich) „Danke, Mami. Und auf Wiedersehen."

Übung 14: Verbindende Gegenstände

Überlegen Sie, ob es Gegenstände gibt, die Sie mit Ihrem Gesprächspartner verbinden: Erinnerungsstücke oder vielleicht einfach nur ein schönes, weiches Kissen, das Sie festhalten und liebhalten können.

Legen Sie den Gegenstand griffbereit neben sich, damit Sie nicht die Augen öffnen müssen, wenn Sie ihn benötigen. Sie haben mehrere Möglichkeiten, den Gegenstand einzusetzen:

- Zur Kontaktaufnahme, indem Sie ihn in den Händen halten
- Zur Verabschiedung, wie in obiger Fallstudie
- Um einen Verlust zu verarbeiten: Sie nehmen symbolisch den Gegenstand zu sich und spüren so eine physische Verbundenheit zu dem verschwundenen Menschen
- Um etwas loszuwerden. Werfen Sie es fort, schleudern Sie es von sich, nachdem Sie es mit der Bedeutung betitelt haben, die es haben soll.

Manfred ist ein so rationaler Mensch, dass seine Selbstdialoge immer eine ausgesprochen praktische, nutzenorientierte Seite haben. Er hätte überhaupt nicht erst damit begonnen, wenn er nicht diese völlig unerwartete Lebenskrise gehabt hätte. Aber sie haben ihm schnelle, wertvolle Ergebnisse gebracht. Als Manager muss für ihn eine Verabredung „Sinn machen", er denkt sehr lösungsorientiert. Das heißt aber nicht, dass seine menschliche Seite unterentwickelt oder er völlig verkopft wäre. Sie sehen: Er hat ja sogar eine Art Mutterkomplex. Aber er nutzt ihn einfach für seine Pläne; er tankt Kraft daraus, statt sich zu blockieren oder zu verschleißen.

Man muss auch nicht immer traurig sein. Der Selbstdialog bietet sich bei Problemen aller Art an und kann, wie in Manfreds Fall, durchaus heiter und gelöst verlaufen. Selbst wenn er haklig beginnt und nur langsam in Fahrt kommt.

Praxisfall: Ana, 52, Künstlerin

Ana lebt glücklich, wenn auch nicht ganz sorgenfrei. Als freischaffende Künstlerin ist ihr wirtschaftliches Überleben von ihrer Kreativität, ihrem Selbstvermarktungstalent und klugem Beziehungsmanagement abhängig. Das klappt normalerweise gut. Die Kehrseite: sie neigt zu Sorglosigkeit, Unordentlichkeit und Verschwendungssucht. Muss sie sich einschränken, leidet sie darunter. Sie glaubt allerdings, dass dieses Leiden für ihre Kreativität eine wichtige Triebfeder ist.

Sie besucht oft ihre spanische Heimat und auch ihren Sohn, der mit seiner Familie nicht allzu weit weg wohnt. Ihre beiden kleinen Enkel vergöttert sie. Sie ist sehr stolz auf das, was sie in ihrem Leben erreicht hat – ganz ohne Mann, der sie schwanger und fast noch halbwüchsig hatte sitzenlassen. Außerdem tauscht sie sich viel mit Freunden aus. Eine Freundin erzählt ihr von Erfahrungen mit dem Selbstdialog und macht sie neugierig.

Ana hat keine Berührungsängste. Sie probiert das HILF DIR SELBST!-Kartenset aus. Ihre Freundin lässt sie eine Bild- und eine Begriffskarte ziehen. Das Ergebnis ist:

ANPASSUNG

Ana weiß nichts damit anzufangen. „Das ist so ziemlich das Letzte, was mit mir zu tun haben könnte", sagt sie. Ihre Freundin ermuntert sie nachzudenken: „Hier geht es um Assoziationen. Die Karten und ihre Kombinationen lösen in dir Gedanken aus, die du sonst womöglich nicht gehabt hättest. Wenn es nichts mit dir zu tun hätte, hättest du es nicht gezogen." – „Das ist ein Bild, das ich ablehne", entgegnet Ana. „Allein schon die Kombination: Gesichtslosigkeit und Anpassung. Das ist ja geradezu dasselbe!" – „Ist es das?" – „Für meine Begriffe schon." – „Musstest du dich denn einmal anpassen?" – „Oh ja, in der Schule. Da liefen auch tatsächlich ein paar Strebertypen mit so Frisuren rum." – „Welchen Teil in dir weckt denn das Erlebnis?" – „Den Klassenclown. Der war ich immer dann, wenn ich zu viel Anpassungsdruck gespürt habe. Ich habe heute noch Züge des Partyschrecks, der Skandalnudel, des Klassenclowns halt." – „Möchtest du vielleicht mit dem Clown in dir reden?" – „Oh, nein, das brauche ich nicht, den kenne ich genug. Nee, nee, ich will dann lieber doch mit diesem Strebertypen reden." – „Na super", klatscht ihre Freundin in die Hände, „da haben wir es ja! Rede mit dem angepassten Streber in dir."

Ana: „Streber, gibt es dich? Ich heiße Ana und hasse Anpassung. Ich kann mir gar nicht vorstellen, dass es einen wie dich in mir gibt." (Ana bleibt etwas ratlos sitzen, dann wechselt sie auf den anderen Platz).

Streber: „Mich gibt es. Ich bin ganz klein. Ich versuche mich unauffällig zu machen, weil ich weiß, dass du mich nicht magst." (Verliert ein bisschen den Faden. Ana öffnet erstaunt die Augen, ihre Freundin fordert sie leise auf, sie geschlossen zu halten) „Du erinnerst dich nicht an mich. Aber ich bin immer da. Ich helfe dir sogar beim Malen."

Ana: „Du kannst mir gar nicht beim Malen helfen. Da brauche ich ganz andere Ressourcen als den aalglatten Typen, der es den anderen recht macht. Wenn ich im kreativen Rausch bin, habe ich mächtige Dämonen in mir, die einem richtig Angst machen können: den Meister der unglücklichen Liebe, den Hass, die rasende Wut auf die Dummheit, die Autodestruktionstaste, die permanent rot aufleuchtet. Ich habe Armeen von Ideen, von Idealen, von Gefühlen, die durch meinen Kopf marschieren und es mit den Dämonen aufnehmen. Da brauch ich keine Typen ohne cojones, die nur im Weg rumstehen. Und wenn ich Leuten meine Bilder vorstelle, überzeuge ich sie lieber. Ich erobere ihr Herz und umzingele ihren Verstand. Die servile Ana ist nicht existent." (lehnt sich zurück) „Wie kommst du auf die Idee, mir beim Malen zu helfen?"

Streber: „Wie gesagt, du siehst mich nicht. Aber wenn die Dämonen und die Heere des Guten weg sind und du an einem angefangenen Bild weitermachst, dann brauchst du mich. Okay, nicht immer. Manchmal betrinkst du dich auch und versuchst, den Schaffensrausch so zu bekommen. Dann malst du übrigens am schlechtesten. Wenn es nicht nur orgiastisch, sondern auch richtig gut werden soll, dann helfe ich dir, dich ganz zu konzentrieren. Du kannst ja nicht immer saufen oder in Extremgefühlen baden. Du würdest schlicht verrückt!"

Ana: „Ach so, du bist meine Disziplin." (sie wirkt enttäuscht) „Disziplin brauche ich, die schätze ich sogar sehr hoch ein. Ich hatte jetzt eigentlich gedacht, einen Schlaffi zu treffen. Du hast doch gar kein Gesicht und stehst für Anpassung. Das ist doch nicht meine Disziplin." (dreht sich – die Augen noch geschlossen – zu ihrer Freundin, diese sagt nur: „Stell ihm eine Frage!") „Bist du meine Disziplin oder bist du was anderes?"

Streber: „Du wolltest nicht mit deiner Disziplin reden. Ich bin jemand anderes: Der, der dich pedantisch macht, zäh und besessen. Die Disziplin ist unbarmherzig und treibt dich mit der Peitsche voran. Ich sitze tief in deinem Herzen. Wenn du mich spürst, dann tust du etwas um der Sache willen. Ich bin nicht dein Chef, ich bin dein ungleicher Bruder. Warum zum Beispiel machst du deine Steuer selbst und hast keinen Agenten?"

Ana: „Ich gebe das nicht aus der Hand, weil ich schlechte Erfahrungen gemacht habe. Die einen haben keine Ahnung, was ich von einem Galeristen erwarte, die anderen sind Blender und schätzen den Kunstmarkt falsch ein, die nächsten beraten mich schlecht in den ganzen Abrechnungsdingen, weil sie keine Ahnung davon haben, wie man das gestalten kann. Keiner kann Spanisch. Ich verkaufe doch auch in Spanien, das weißt du doch selbst. Find mal einen, der sich in beiden Ländern auskennt: Steuern, Vertrieb, Versand, Versicherung, tack, tack, tack!"

Streber: „Natürlich weiß ich das selbst. Denn das sind exakt die Dinge, für die du mich hast. Ich mache für dich die

Drecksarbeit, bei der nicht deine Genialität im Vordergrund steht. Bei der es nicht um deine Kreativität und deinen Marktwert geht. Du brauchst mich auch nicht dafür zu loben. Dass ich das tue, erhält dich am Leben – und damit auch mich." (hält inne und überlegt) „Da staunst du, was?"

Ana: „Wow. Ein Streber, der nützlich ist. Ja dann: Willkommen! War nett, dich kennenzulernen." (Sie will aufstehen, ihre Freundin sagt leise: „Willst du, dass er etwas für dich tut?", Ana entspannt sich wieder und überlegt) „Ich hätte da eine Frage. Kannst du mir auch die Kasse machen? Und mir vielleicht ab und zu das Atelier aufräumen?" (lacht, dann wechselt sie den Platz)

Streber: „Gerne, wenn du mich lässt. Es tut mir gut, wenn du mich um etwas bittest. Ich mag dich und ich helfe dir wirklich gerne. Ich weiß, dass du diese Funktion ‚Haushaltsbuch' auf deinem Onlinekonto schon mal aktivieren wolltest. Mach das doch mal. Und zahl mehr mit Karte, damit du die Ausgaben nachvollziehen kannst. Vielleicht gehst du auch mehr als einmal im Monat ins Online-Portal, zum Beispiel jede Woche immer montags. Den Rest mache ich für dich."

Ana: „Danke, Streber. Jetzt will ich dich gar nicht mehr Streber nennen. Ich tauf dich um. Du bist jetzt Vuelta, meine andere Seite." („Ihr könnt euch die Hand geben, um das zu besiegeln", hört Ana ihre Freundin.) „Hand drauf." Sie streckt ihre Hand ins Leere aus, umschließt sie dann etwas linkisch mit der anderen und drückt zu. Dann schlägt sie die Augen auf.

Wir haben es hier mit einer etwas ungewöhnlichen Konstellation zu tun, denn Ana verspürt eigentlich keinen Leidensdruck – und hat außerdem eine Freundin, die ihr ein wenig assistiert, ohne inhaltlich einzugreifen. Sie selbst ist am meisten überrascht, dass der Dialog zu einem greifbaren, befriedigenden Ergebnis geführt und ihr neue Sichtweisen erschlossen hat. Sie hatte vorher gar nicht geglaubt, dass sie eine Baustelle im Leben hat.

Übung 15: Prioritäten

Überlegen Sie einfach einmal, was Ihnen im Alltag zu schaffen macht. Machen Sie sich vielleicht eine Fünf-Punkte-Liste und ordnen Sie sie sie nach Wichtigkeit und Dringlichkeit. Hier ein paar Anhaltspunkte:

- „Ich traue mich nie, meinen Chef um mehr Gehalt zu bitten. Dabei arbeite ich schon seit Jahren zum gleichen Tarif."
- „Meine pubertierende Tochter bringt mich regelmäßig zum Wahnsinn. Warum komme ich nicht mehr richtig an sie an sie heran?"

- „Ich könnte mal wieder mein Leben aufpeppen:
  eine Reise machen, meinen Typ verändern, ein
  neues Hobby beginnen. Ich langweile mich
  öfters und schlage viel zu oft die Zeit tot."
- „Ich neige dazu, mich bei meinen Bekannten über dies
  und das zu beschweren aber ändere nichts wirklich daran.
  Warum bin ich so inkonsequent?"
- „Meine Mutter geht mir auf den Keks mit ihren ewigen
  Ratschlägen. Jetzt will sie wieder für eine Woche kommen.
  Ich traue mich nicht zu sagen, dass ich andere Pläne habe."

Ihr Ergebnis könnte so aussehen: Die pubertierende Tochter
ist für Sie sehr wichtig und durchaus dringend, erhält also
Platz 1. Die Gehaltssache ist vor allem dringend, weil nun die
Jahresgespräche anstehen, aber durchaus auch wichtig. Platz
2. Die Mutter ist zwar noch ein bisschen dringend, aber eigentlich nicht wirklich wichtig: Platz 5. Das ist nur ein Beispiel, aber es hilft, Ihre Themen zu ordnen.

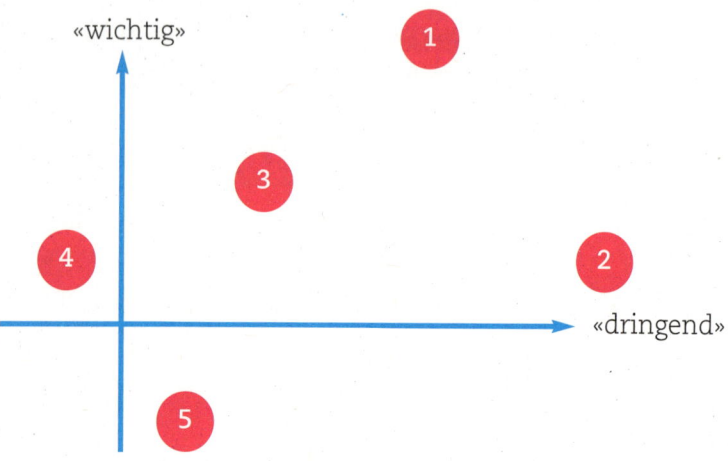

Letztlich sind alle Themen irgendwie präsent, brennen aber nicht so auf den Nägeln, dass Sie sich als traumatisiert empfinden. Sie könnten aber mal geändert werden. Nehmen Sie sich dann das erste Thema vor.

Übung 16: Karten ziehen

Wenn Sie nicht wissen, wo Sie beginnen sollen, helfen die „HILF DIR SELBST!"-Karten, einen Faden aufzunehmen.

Sehen Sie sich zum Beispiel an, was ich einmal für mich gezogen habe, als ich eine Sitzung mit mir selbst abgehalten habe:

MAMA

Oder das hier: PERFEKTION

Es gibt 6400 Kombinationen dieser Art: 80 Motive und 80 Begriffe. Starten Sie nicht mit den beiden Beispielen, sondern ziehen Sie eine ganz neue Kombination, die ganz die Ihre ist.

Praxisfall: Denis, 46, Selbständiger

Denis ist ein multikultureller Mensch. Seine Eltern gehören der ersten Einwanderergeneration an und waren immer sehr zielstrebig, ehrgeizig und integrationswillig. Entsprechend war er sein Leben lang zwischen zwei Welten unterwegs, richtete sich aber ganz klassisch nach deutschen Karrieremustern aus.

Als Finanzexperte hat er eine solide Karriere in einem Konzern hinter sich. Als er mit vierzig Jahren gegen eine sehr großzügige Abfindung ausschied, waren seine Eltern entsetzt, seine Frau begeistert, seine Freunde skeptisch. Er fand wider Erwarten und trotz bester Referenzen und Zeugnisse nirgendwo eine neue Anstellung – und wählte nach knapp zwei Jahren ein Leben als selbständiger Finanzberater. Immer wieder aufflackernder Hoffnung und regelmäßig folgender Enttäuschung folgte endlich neuer Enthusiasmus, das erste Jahr verlief zudem überraschend gut.

Seither jedoch hat er häufiger Probleme, seinen beruflichen Alltag zu organisieren. Auf eine Flaute hin, die ihn unvorbereitet traf, versank er in Fatalismus und lähmender Abstiegsangst. Ein unverhoffter Großauftrag versetzte ihn in rasende Hektik. Seit es wieder ruhiger zugeht, erwischt er sich regelmäßig dabei, ziellos im Netz zu surfen oder auf seinem Smartphone zu spielen. Das beschämt ihn.

Denis fühlt sich mit allen vertraut und doch mit niemandem eins. Seine Eltern sind ihm ebenso eine Quelle der Inspiration wie seine deutsche Ehefrau und seine Kinder oder sein Freundeskreis, in dem gleich mehrere Kulturkreise aus aller Welt vertreten sind: Er kennt Russen, Türken, Nigerianer, Vietnamesen. Viele von ihnen sind sehr spirituell und mit ganz anderen Denkweisen ausgestattet als Deutsche. Das bringt ihn auf die Idee, auch sein eigenes Denken neu zu entdecken.

Er will nichts auslassen, um herauszufinden, was Ursache seines Problems ist und wo er hinmöchte. Deshalb befragt er gleich mehrere Seiten in sich. Als seine wichtigsten Gesprächspartner hat er seinen Körper, sein Herz, seinen Kopf und sein höheres Selbst ausgemacht. Dieses nennt er „Vater".

Denis' Vorhaben ist recht komplex. Er stellt für die vier vorgesehenen Gesprächspartner vier verschiedene Stühle auf. Dann setzt er sich auf den seinen.

Denis: „Ich möchte zuerst mit dir sprechen, Körper. Ich spüre dich sehr deutlich. Ich merke, dass ich älter werde, es ist auch nicht wirklich schlimm. Klar braucht man irgendwann eine Brille. Aber was mir Sorge macht, ist, dass ich nicht mehr so ausdauernd bin wie früher. Ich schaffe beim Radfahren keine langen Strecken mehr, ohne dass ich zwischendurch in gemächliches Tempo verfalle. Ich kann keine 14-Stunden-Tage mehr machen, ohne dass ich mitten in der Arbeit in lange Tagträume falle. Selbst bei großem Termindruck. Warum machst du das?"

Körper:„Ich schütze dich. Deinen Willen zu brechen traue ich mich nicht, das würde in einem Herzinfarkt enden. Aber ich kann dich austricksen, indem ich dich zeitweise auf Leerlauf schicke. Das schont dich zumindest ein bisschen. Das Pensum, das du dir vornimmst, passt nicht mehr zu deinem Alter. Du würdest dich kaputtmachen."

Denis: „Aber wenn du mich auf Leerlauf schickst, dann minderst du meine Leistung und damit sorgst du doch nur dafür, dass ich überhaupt so lange für eine Aufgabe brauche. Könnte ich durcharbeiten, wäre ich früher fertig. Oder, aufs Rad bezogen: könnte ich durchtreten, wäre ich schneller zuhause." (schweigt kurz) „Ich weiß, dass du mich schützen willst. Das ist ja auch gut."

Körper:„Und ich weiß, dass du es gut mit mir meinst. Du trinkst mäßig, rauchst nicht, treibst Sport, isst gesund. Das ist gut. Und doch verfällst du in Exzesse – nämlich wenn es um Leistung geht. Das muss einen Grund haben. Denn es prägt dein Leben und ist nicht gut für dich. Ich schalte zwischendurch den Motor aus, damit er nicht heiß läuft. Du wärest nämlich nur früher mit der Arbeit fertig, um gleich die nächste Aufgabe anzugehen. Du hast Verantwortung, da musst du auch auf Überarbeitung achten, deine Ressourcen schonen."

Denis: „Körper, ich danke dir. Ich glaube, dass es einen Grund gibt. Leistung ist das Stichwort: Mein ganzes Leben lang habe ich durch Leistung überzeugt. Schon meine Eltern haben mir das eingeimpft: ‚Als Gastarbeiterkind musst du immer fünfzig Prozent mehr geben, um dasselbe zu erreichen. Gib Gas! Zeig ihnen, dass du es kannst!' (seufzt) Mein Leben ist ein einziger Tritt auf das Gaspedal." (überlegt) „Aber ich habe nicht geglaubt, dass mich jemand ausbremsen muss. Sieh mal, ich war zwei Jahre ohne sinnvolle Beschäftigung. Da hab ich mich doch weiß Gott erholen können!" (überlegt, wird unsicher) „Oder nicht?"

Körper: „Denis, du weißt selbst, dass das die stressigste und belastendste Zeit deines Lebens war. Ständig Absagen, Frust, Enttäuschung, das Gefühl nicht gebraucht zu werden, die Scham, wenn du deinen Lebenslauf mal wieder umschreiben musstest, um die immer größere Lücke erklären zu können..." (Pause) „Du hast dich jedenfalls nicht erholt."

Denis: „Du hast ja recht. Das sehe ich auch so. Ich danke dir für deine Antwort. Ich frage jetzt meinen Kopf." (sammelt sich) „Kopf, ich möchte mit dir sprechen."

Kopf: „Hallo Denis. Wie geht es dir?" (Pause) „Ich frage das, weil du eine anstrengende Zeit hast. Du forderst mich mehr als sonst."

Denis: „Lustig, das hat mich mein Körper nicht gefragt. Ich will von euch allen wissen, warum ich kein Durchhaltevermögen mehr habe. Und er hat mir gleich gesagt, dass es meine Exzessivität ist, die ich nicht mehr durchhalte. Meinst du das auch? Manchmal weiß ich gar nicht, ob ihr überhaupt voneinander wisst." (überlegt) „Du hast mich gefragt, wie es mir geht. Mir geht es nicht sehr gut. Ich muss zu einem gleichmäßigen Arbeiten kommen, um diese ganzen Stressphasen auszuschalten. Ich muss trotzdem mehr Geld machen als jetzt, wenn ich meiner Familie weiter bieten will, was sie braucht. Aber ich kann nicht den ganzen Tag so reinhauen wie jetzt. Ich muss wohl die Zeit effektiver nutzen. Mein Körper hat mir gesagt, dass es einen Grund gibt, dass ich so oft abdrifte. Ich glaube, es ist mein übertriebener Leistungswille."

Kopf: „Glaubst du, dass ich mir des Körpers nicht bewusst bin? Nun, er hat eben etwas ganz Interessantes gesagt. Er schaltet sich ab, wenn du wieder Präsentismus übst. Und ich kann dir sagen, dass er es schon früher so gemacht hat. Nur: da war es dir egal. Du bekamst ja ein Monatsgehalt. Ein gutes sogar."

Denis: „Präsentismus? Ich hab die Leute immer verachtet, die durch schiere Anwesenheit Punkte beim Chef sammeln wollten. Das ist für mich Präsentismus!" (hält inne) „Du meinst, das habe ich schon immer gemacht? Überstunden, ja gut. Aber nur, um mich im Büro zu zeigen? Nie!"

Kopf: „Diskutier doch nicht auf so einer Ebene mit mir, da kannst du nicht gewinnen. Ich bin dein Kopf und weiß es ganz genau. Wenn dein Freund und Chef Ralf dir eingeschärft hat, dass es an diesem Tag um das Überleben der Firma geht und alles davon abhängt, dass du noch da bist. Wenn der Finanzvorstand um neun Uhr aus der Besprechung kommt, dann warst du um neun Uhr eben noch am Schreibtisch. Du hast sogar gearbeitet, statt Videospiele zu zocken, genug auf dem Tisch lag ja immer. Das ist eine Form von Präsentismus. Da sein, um dem Chef zu gefallen, oder meinetwegen zur Seite zu stehen; auf jeden Fall: um seine Welt zu retten. Aber konzentriert warst du dabei nicht. Am nächsten Morgen hast du das meiste, was du da noch ‚erledigt' hast, wieder in die Tonne kloppen können."

Denis: „Du bist niederträchtig, Kopf!" (lacht) „Die Wahrheit schockt am meisten …" (Pause) „Meinst du, dass ich mich heute so verhalte, als ob es gelte, möglichst viel und lange zu arbeiten? Und das vielleicht mit wahrer Leistung verwechsele?"

Kopf: „Du bist noch nicht in der Selbständigkeit angekommen. Fünfzehn Jahre hast du so funktioniert, dass du dein Verhalten und deine Leistung auf einen Chef optimiert hast.

Manche haben es sogar geschickt zu nutzen verstanden, was du für einer bist. Weißt du noch? Der Schmidt hat sogar ganz klar deine Herkunft als Druckmittel eingesetzt, wenn auch sehr subtil." (Pause) „Jetzt bist du dein eigener Chef. Du hast viel mehr Verantwortung, nicht nur, weil du deine Aufträge selbst akquirieren musst, sondern auch deshalb, weil du auf dich selbst mehr aufpassen musst. Geh doch mal in die Vergangenheit zurück. Du hast enorm unter Druck gestanden, aber der Druck kam von außen. Du konntest die Vorgesetzten inkompetent finden oder für Psychopathen halten. Das stimmte sogar meist. Und damit war vieles auch schon erledigt, der Chef war ein Idiot und Schluss. Manchmal hast du aus reiner Frackigkeit um vier Uhr Feierabend gemacht und dein Handy ausgestellt. Dann sind sie dir sogar entgegengekommen, weil sie ja auf dich angewiesen waren."

Denis: „Da sprichst du etwas an. Ich habe mich ja jahrelang wieder auf einen solchen Posten beworben, nur ‚dasselbe in schön' sollte es diesmal sein. War nur doof, dass mich keiner genommen hat." (überlegt) „Ich habe mir so oft Vorwürfe gemacht, meinen sicheren Posten aufzugeben. Aber andererseits war es auch unerträglich, seit ich mich mit Ralf überworfen habe. Das war ja kein Arbeiten mehr."

Kopf: „Ich kann dir dazu erstaunlich wenig sagen. Als Kopf ist mein Rat: Werde so schnell wie möglich ein richtiger Unternehmer. Das steckt ja in dir: Das Talent, dich zu beweisen und anzupassen. Du bist ja auch gut. Und du bist gut drauf."

Denis: „Kopf, ich muss das Thema später noch einmal mit dir aufnehmen. Ich finde es gut, dass du mich heute ein großes Stück weiter gebracht hast. Danke." (dreht sich nach rechts) „Herz, jetzt hat deine Stunde geschlagen. Mein Kopf hat mich gerade wieder auf die Zeitreise geschickt. Warum drifte ich ab, statt meine Leistung durchzuhalten? Liegt es daran, dass ich so unentschieden bin in meinem Lebensentwurf?"

Herz: „Hallo Denis. Ich habe eine Gegenfrage: Warum hörst du nicht auf mich?" (Denis überlegt lange, warum das aus seinem Mund zu hören war, dann setzt er sich wieder auf den Ausgangsstuhl)

Denis: „Ich höre doch auf dich. Ich weiß, was ich im Leben will. Und ich habe Frau und Kinder, die ich über alles liebe. Das hätte ich nie, wenn ich nicht auf dich hören würde." (verschränkt die Arme) „Das führt uns nicht weiter hier, mit Gegenfragen."

Herz: „Wenn du auf mich hören willst, musst du auf dich selbst hören. Das ist alles andere als einfach. Mit dem Kopf kannst du diskutieren. Der Körper sagt dir von selbst, was er für dich macht. Aber ich bin mir selbst genug. Ich bin du. Mich spürst du in Momenten des Glücks und des Unglücks. Eigentlich bin ich aber dein ganzes Leben lang an deiner Seite." (Pause) „Sieh mal, du fragst dich seit Jahren, ob dein neues Leben überhaupt notwendig war. Stell dir einfach vor, du fängst in Ralfs Finanzstab wieder an. Nachdem auch eure persönliche Freundschaft gekündigt ist. Wie fühlst du dich dabei?"

Denis: „Schlecht natürlich. Aber ich will doch gar nicht zurück. Ich habe nur das Gefühl, ich hätte mich vielleicht nicht so entscheiden sollen." (lehnt sich zurück) „Du meinst, dass es nicht das Geld war? Du meinst, dass ich damals auf dich gehört habe und die Herzensentscheidung im Nachhinein versucht habe, intellektuell zu rechtfertigen, oder? Du meinst, dass der Bruch mit Ralf doch ausschlaggebend war. Weil er mir Alpträume bereitet hat. Weil er mir jede Minute, die ich klar denken konnte, belegt hat."

Herz: „Nein, du meinst das. Du bist ich und ich bin du. Wenn du meinst, dass ich das meine, dann meinst du das selbst. Denis, du bist ein sensibler Mensch. Und du erträgst keine Ungerechtigkeit. Du hast dir sogar dieses Wickert-Buch gekauft, weißt du noch: ‚Der Ehrliche ist immer der Dumme' oder so ähnlich. Und dann hast du es nach zwanzig Seiten in die Ecke gepfeffert, weil du fandest, dass es unerträglich zu lesen ist." (lacht) „Oder das Lied von den Prinzen:" (singt:) „‚Willst du ehrlich durchs Leben geh'n/ehrlich/kriegst du nen Arschtritt als Dankeschön/gefährlich' – das war zu komisch, wie du das gehasst hast. Aber nicht, weil es nicht wahr wäre, sondern weil es so albern und jungenhaft daherkam. Du bist so anspruchsvoll in deinen Gefühlen, dass alles, was populär ist, deinen Weltschmerz beleidigt. Weil es ihm nicht genügen kann. Geträller und Geplapper erträgst du nicht."

Denis: „Ich komme nicht mehr mit. Du sagst so viel auf einmal, das sich wahr anhört. Es tut mir leid, ich habe dich wohl nie so richtig ausreden lassen, wenn du mir etwas zu sagen hattest. Aber…" (er überlegt) „…wenn sich Andrea so gefreut hat und meine Eltern nicht, dann hat sie ja eigentlich gewusst, dass es mir bei aller Unsicherheit gut tun würde, wenn ich nicht mehr da arbeite. Hat sie auf dich hören können? Hört sie dich, wenn ich überfordert bin und dich nicht verstehe?"

Herz: „Aber sicher. Ich kann nicht sprechen wie dein Kopf, ich kann nicht sichtbar sein wie dein Körper. Was ich kann: Ich kann dich so oder so machen. Ich kann dich zum coolen Typen machen oder für dich um Hilfe rufen. Aber mich bemerken nur die, die einen Draht zu dir haben. Und wenn sie dich lieben, hören sie mir sogar zu, bevor du überhaupt auf mich aufmerksam wirst." (verschränkt die Arme hinter dem Kopf und sieht zur Decke) „Du hast mich gefragt, ob es an Ralf liegt, dass du gekündigt hast. Du weißt, dass es das ist – aber du hattest große Schwierigkeiten, es vor dir selbst zuzugeben. Du musstest eigentlich nicht fragen, aber es war sehr nett von dir. Ich habe noch eine Neuigkeit für dich. Deine Familie liebt dich dafür, dass du mehr Zeit für sie hast. Auch wenn deine Arbeitstage immer noch lang sind."

Denis: „Mein Kopf hat mir Präsentismus vorgeworfen. Das passt ja gar nicht dazu, dass ich meiner Familie mehr Zeit schenke." (überlegt) „Doch, es passt doch. Ich bin trotzdem mehr zuhause. Alleine schon, weil ich mir die Pendelei schenke." (überlegt weiter) „Ich finde mich gerade ein wenig weinerlich. Als ob ich nicht stolz darauf sein dürfte, was ich bisher gemacht habe in der Selbständigkeit."

Herz: „Das ist nicht schlimm. Ich kann dich trösten. Wenn du mit mir redest, darfst du weinerlich sein. Du darfst mit mir auch all das diskutieren, was dir peinlich ist. Nicht wahr: Du wurdest bei deinem Weggang ja sogar auf das Verhältnis mit Ralf angesprochen, aber hast vor dir und anderen vehement die Position vertreten, dass du jetzt in deinem Leben eine neue Aufgabe brauchst. Vor mir hättest du gleich sagen können: Endlich kann ich hier weg, ich halte das nicht mehr aus mit diesem charakterlosen Windei, dem Typen, der eine Freundschaft dafür nutzt, seine politischen Ziele durchzusetzen und sie für einen Tagesbefehl von oben zu beenden bereit ist." (schweigt) „Ich habe in der Zeit viel gelitten. Deshalb hätte ich mich sogar über einen weinerlichen Denis gefreut. Vielleicht hätten wir ein bisschen gemeinsam heulen können."

Denis: „Danke, Herz. Ich spüre dich, weil du schneller schlägst. Auf dich kann ich mich verlassen, du machst mich stark. Jetzt kann ich mit Vater reden." (verbeugt sich vor dem Herz-Stuhl und wendet sich dann nach ganz rechts) „Vater, ich habe schon oft mit dir geredet, aber noch nie laut. Und noch nie, indem ich für dich antworte. Es fühlt sich sehr komisch an. Guck mal, ich habe dir den besten Platz gegeben, in dem Ledersessel." (lächelt unbeholfen) „Was kannst du mir sagen? Warum drifte ich ab, halte nicht durch, warum habe ich so viele Zwänge, die mich ablenken?" (lehnt sich zurück, geht dann wieder nach vorne und legt die Ellenbogen auf die Knie. Er nimmt den Kopf in die Handflächen, wie um sich selbst Geborgenheit zu geben. Dann wechselt er den Platz)

Vater: „Denis, du bist so, weil du Idealen nacheiferst. Aber du bist ein freier Mensch, und du hast dich dazu entschieden, so zu leben, wie du lebst. Ideale zu erfüllen hat dich durchaus ein ganzes Leben lang angespornt. Darin liegt auch viel Gutes."

Denis: „Vater, du möchtest mich trösten." (ihm fällt keine Frage ein) „Ich will dir sagen, dass ich dafür sehr dankbar bin. Es ist schon erstaunlich: Ich fürchte mich jedes Mal vor deinem Urteil, aber du bist liebevoll und verständnisvoll."

Vater: „Du hat mich oft gerufen, wenn du angespannt warst. Und du hast dich immer bedankt, wenn es gut gelaufen ist. Über deine Dankbarkeit freue ich mich. Du wirst dich vielleicht wundern, aber ich habe den Dingen trotzdem ihren Lauf gelassen. Du hast dich selbst stark gemacht, und nur deshalb hat es geklappt."

Denis: „Diesmal bin ich mir aber gar nicht so sicher. Werde ich es schaffen in der Selbständigkeit?" (zuckt zurück) „Verzeih mir, ich habe eine sehr dumme Frage gestellt. Du hast mir ja schon gesagt, dass es an mir allein liegt." (schweigt)

Vater: „Nein, Denis, nicht an dir allein. An den Menschen. Du allein musst sehen, wie du dein Leben meisterst. Aber Schwierigkeiten machen dir auch andere. Gerade hast du dir vor Augen geführt, dass auch andere dir Schmerzen zufügen können – so stark, dass du deswegen sehr weitreichende Entscheidungen für dein Leben triffst." (lange Pause) „Diese Gründe für deine Entscheidung wolltest du aber im Nachhinein nicht mehr wahr haben. Du hast ein schlechtes Gewissen, Denis. Denk darüber nach, warum das so ist. Du brauchst kein schlechtes Gewissen zu haben, wenn du eine Entscheidung fürs Leben triffst. Du bist frei und darfst auch zu deinen Gefühlen stehen." (Pause) „Mach Frieden in dir. Wie auch immer du das tust. Du brauchst nicht Ruhe, du brauchst Frieden."

Denis: „Den brauche ich tatsächlich." (lehnt sich erschöpft nach hinten) „Ein schlechtes Gewissen. Da wäre ich nie drauf gekommen. Danke, Vater. Ich werde deinen Rat befolgen."

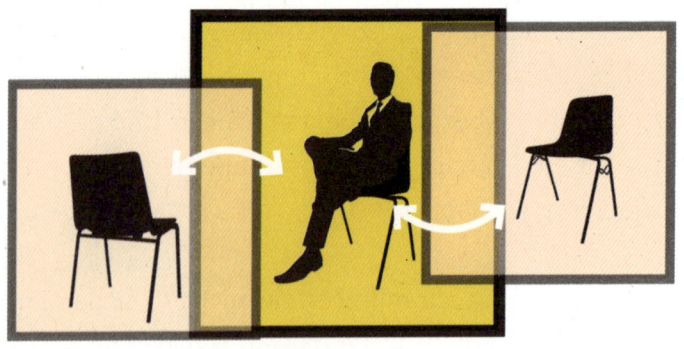

Übung 17: Mehrere Gesprächspartner

Haben Sie mehr als einen Gesprächspartner in sich ausgemacht? Sie können durchaus mehrere Stühle vor sich aufstellen. Achten Sie dabei auf Folgendes:

- Sie sollten die Stühle bei geschlossenen Augen voneinander unterscheiden können. Stellen Sie also möglichst nicht vier gleichartige Stühle auf – und stellen Sie sie nicht zu eng.

- Es ist hilfreich, den ersten Gesprächspartner
  an die erste Position zu setzen.
- Üben Sie das Stuhlwechseln, bevor Sie die Sitzung beginnen.
- Benennen Sie Ihre Gesprächspartner ganz klar.

Wenn Sie mehrere Themen und mehrere Gesprächspartner haben, machen Sie sich eine kleine Aufstellung (Übung 15) und identifizieren Sie erst dann, mit wem Sie darüber sprechen wollen. Sonst kommen Sie durcheinander.
Führen Sie das Gespräch dann, indem Sie jeden drankommen lassen. Sie können auch zurückspringen, wenn Sie eine neue Verbindung entdeckt haben. Lassen Sie aber keinesfalls Ihre Gesprächspartner untereinander reden! Sie würden sich womöglich um das Ergebnis bringen.

Denis ist auf ein Problem gestoßen, das seit über fünf Jahren in ihm schwelt. Weil er ein begabter und logischer Mensch ist, dem komplexes Denken nicht schwer fällt, ist er mit den Gesprächspartnern angemessen umgegangen. So konnte er sein ungeklärtes Verhältnis mit seinem ehemaligen Freund und Chef endlich vor sich selbst thematisieren. Es könnte nötig sein, auch mit diesem einmal einen Selbstdialog zu führen. Das wird sich zeigen. In jedem Fall war Denis nach dieser Übung von neuer Motivation erfüllt, die Dinge in die Hand zu nehmen. Als Controller war er geübt in der Erstellung von Plänen und Projekten. Er spaltete seine Ziele in Teilziele auf (um Körper, Kopf und Herz zu unterstützen) und wies diesen Teilzielen Einzelaufgaben zu. Das zu können, ist allerdings nicht Controllern vorbehalten, das kann letztlich jede Hausfrau.

Übung 18: To-Do-Liste

Machen Sie sich eine To-Do-Liste. Dort tragen Sie ein, welche konkreten Aufgaben Sie sich vorgenommen haben, um Ihr Problem zu lösen. Diese sollte sehr einfach gehalten sein. Etwa so:

Mein Ziel	Was ist zu tun?	Bis wann?	Was brauche ich?	OK?
Körperlich fitter werden	Eine Stunde Sport am Tag	01.07.	· Laufschuhe · mit Partner Zeit aufteilen	▨ ▨
...	...	...	...	...

Achten Sie unbedingt darauf, dass Sie die Aufgaben bewältigen können! Halten Sie sich dabei an das SMART-Prinzip. Ihr Ziel sollte wie folgt sein:

- Spezifisch (nicht zu ungenau/nicht zu allgemein)
- Messbar (so dass Sie wissen, ob Sie es erreicht haben)
- Attraktiv (damit Sie es überhaupt erreichen wollen)
- Realistisch (damit Sie es überhaupt erreichen können)
- Terminiert (damit Sie es nicht vor sich herschieben)

Das gilt auch für die Aufgaben, die Sie sich stellen. Vergessen Sie nicht, die Aufgaben abzuhaken. Das wird Ihnen gut tun.

Zwischenbilanz

Sie haben jetzt ein effektives Mittel in der Hand, um Veränderungen in Ihrem Leben zu erreichen. Gefühle und Erlebnisse führen Sie zu neuen Gedanken und helfen, Dinge zu bewegen oder zu akzeptieren. Sie können nun sogar so alltägliche Dinge wie Checklisten, Tagebücher oder Projektpläne erstellen, in denen Sie Ihre Ziele konkret abarbeiten – oder Gott treffen, ganz wie Sie möchten.

Was ist Ihnen in den fünf Beispielen aufgefallen? Sie waren sehr unterschiedlich – und doch verbindet diese Menschen eines: Sie waren von der produktiven Wucht ihrer Begegnung mit sich selbst überrascht. Es ist dieser magische Moment, da man sich das erste Mal auf den anderen Stuhl setzt und etwas sagt, was einen selbst erstaunt. Es sind eben keine Monologe, es sind Gespräche.

Bestimmte Dinge wurden in diesen Gesprächen das erste Mal überhaupt im Leben so artikuliert. „Du warst so langweilig." – Niemals hätte Sofia das zugegeben, nicht einmal vor sich selbst. „Hören Sie mit der Begeisterungs-Nummer auf." – Diese befreiende Erkenntnis hätte sich Stefan in langen Abenden voller Grübeleien niemals gesagt. Es ist das Faszinierende an den Selbstdialogen, dass die Antworten nicht spontan über jemanden kommen, sondern überhaupt in einem selbst liegen – und dort oft genug schon immer gelegen haben.

Kurz: Sie erleben in weniger als einer Stunde ein hoch konzentriertes, dabei plastisch-sinnliches und sehr konkretes Ereignis. Aus diesem Erlebnis können Sie schöpfen: Es ist hierfür intensiv genug, so dass Sie es im Kopf behalten und zugleich so lebensbezogen, dass Sie anschließend gleich zur Tat schreiten können. Das gibt Kraft und Zuversicht.

Nun ist es aber oft so, dass Sie je nachdem immer noch diese Gedankenmuster haben, von denen Sie so lange beherrscht waren: „Ich schaff das ja sowieso nicht!"; „Das endet bei mir immer tragisch!"; „Ich kann es doch nicht ändern!". So etwas muss aktiv aus dem Leben gekehrt werden, mit einem Gespräch ist es ja nicht getan. Wenn Sie das Gefühl haben, dass es noch Arbeit gibt, dass Sie diese destruktiven Mantras aus der Vergangenheit endlich mal loswerden müssen, dann freuen Sie sich auf den zweiten Teil.

Verstand und Intuition: Die beiden ungleichen Schwestern

Vielleicht kennen Sie diese lustige Bilderfolge, die oft über Witzmails kommt oder auf Facebook zu sehen ist. In der Mitte lacht Sie eine Walnuss an und sagt: „Ich sehe aus wie ein Gehirn!" Tatsächlich sieht das menschliche Gehirn dem Inneren einer Walnuss ziemlich ähnlich. Es gibt – von oben gesehen – zwei Hälften, die scharf abgetrennt sind und nur mittels einer kleinen Brücke in Verbindung stehen. Wir sprechen deshalb von Gehirnhälften oder „Hemisphären".

Das Einzigartige am Menschen ist, dass diese Gehirnhälften nicht für die jeweiligen Körperhälften stehen, sondern über Kreuz funktionieren. Die linke Gehirnhälfte steuert die rechte Hälfte des Körpers und umgekehrt. Das fand man schon im 19. Jahrhundert heraus. Und noch mehr: Der rasante medizinische Fortschritt zu der Zeit führte zu ersten wichtigen Erkenntnissen in der Hirnforschung. So fand man in Studien über Hirnverletzungen heraus, dass das Sprachzentrum in der linken Hemisphäre liegt – und hielt sie glatt für die dominante, leistungsfähigere Hälfte.

Die Verbindung zwischen beiden Hälften erfolgt über einen relativ schmalen Strang, den Corpus Callosum. Dessen Funktion wurde erst vor etwa fünfzig Jahren genauer erforscht, vor allem im Zusammenhang mit Studien über Epilepsie-Patienten. Phillip Vogel und Joseph Bogen hießen die Ärzte, die erstmals diesen Strang durchschnitten, um ein Übergreifen von epileptischen Anfällen auf die jeweils andere Gehirnhälfte zu verhindern. Mit Erfolg; die Symptome wurden sehr viel erträglicher für die Patienten, ohne dass sie große Änderungen in ihrem Empfinden und Erleben durchmachen mussten. Wir kennen das heute auch von genesenen Schlaganfall-Patienten: Wenn eine Gehirnhälfte komplett ausfällt, muss die andere übernehmen. Und schafft das meist auch.

Seit diesen Erkenntnissen ist auch die rechte Gehirnhälfte wieder zu Ehren gekommen, denn in ihr laufen ähnliche, gleichwertig hochentwickelte und komplexe Prozesse ab. Beide Hälften scheinen sich zu ergänzen, aber auch zu überschneiden, in manchen Fällen dafür gegenseitig zu behindern. Der linken Hemisphäre wird die sprachliche und mathematisch-analytische Fähigkeit zugedacht, der rechten dafür das ganzheitliche Denken und Empfinden – und das bildliche Denken. So ist es zumindest bei 98 Prozent aller Rechtshänder und zwei Dritteln aller Linkshänder. Die ungleichen Schwestern Verstand und Intuition sitzen praktisch Seite an Seite in unserem Kopf, die erste links, die zweite rechts.

Die Hirnforscherin Jarre Levy trieb die Erkenntnisse über die Hemisphären in den 1960er Jahren voran. Die Verarbeitung von Informationen läuft demnach in den Hälften anders ab, ist aber gleich komplex. Wahrscheinlich ist diese Duplizität der Informationsverarbeitung, die Doppelung der

Bewusstseinswelten ein evolutionärer Vorteil des Menschen. Versuche mit Split-Brain-Patienten, deren Gehirn aufgrund einer Schädigung die beiden Hälften nicht koordinieren kann, arbeiteten die Widersprüchlichkeit heraus, die sich ergibt, wenn die Hemisphären nicht zusammenwirken: Die Probanden sahen zwei verschiedene Bilder, schrieben etwas anderes, als sie sagten oder versuchten, sich selbst Gegenstände aus der Hand zu winden.

In solche Zustände geraten wir im Allgemeinen nicht. Im Gegenteil fällt es uns häufig schwer, die Erlebnis- und Denkwelten der rechten und linken Gehirnhälfte zu entwirren. Mehr noch: die Werte, die wir über Erziehung, Umwelt und Vorbilder präsentiert bekommen, sind relativ einseitig auf die linke Gehirnhälfte ausgerichtet, die somit auch unseren gefühlten Alltag völlig dominiert. Rational und strategisch denken, Zusammenhänge erkennen, argumentieren können: das kommt aus der Welt der Logik, Analyse und Sprache, das beflügelt die Karriere. Ganzheitlich empfinden – dafür wird man nicht bezahlt, also gibt es auch keinen Anreiz, es zu können. So verstandeslastig ist unsere Gesellschaft; in Deutschland vielleicht sogar noch mehr als woanders.

Ihre Aufgabe wird es also sein, sich die rechte Gehirnhälfte wieder besser zu erschließen – und die linke dabei zu Hilfe zu nehmen. In der rechten Hälfte liegt der Zugang zum Unterbewusstsein. Wollen Sie dort hinabsteigen, müssen Sie das Licht der linken Hälfte ausknipsen können. Sonst sehen Sie dort nichts.

Übung 19: Bilder emporholen

Schließen Sie die Augen und stellen Sie sich das Rathaus Ihrer Stadt vor. Bleiben Sie ruhig ein bisschen bei den Details: Fenster, Dach, Außenwände, vielleicht ein Gelände drumherum und ein Paar Fahnenmasten …

Nun stellen Sie sich vor, dass Sie nach Hause kommen. Wie ist Ihr Weg auf den letzten Metern? Welche Straße gehen Sie entlang? Gehen Sie durch ein Tor, nehmen Sie einen Weg? Gibt es eine Treppe, ein Vordach? Wie sieht die Fußmatte aus, die Eingangstür, Ihr Briefkasten?

Übung 20: Der Indianer

Stellen Sie sich vor, Sie treffen einen Indianer im brasiliani-schen Regenwald und wollen ihm Ihren Alltag schildern. Sie verstehen einander mit keinem Wort. Wie beschreiben Sie ihm, dass Sie ein Auto haben und damit zur Arbeit fahren? Wie beschreiben Sie die Funktionsweise Ihres Elektroherdes oder Ihres Kühlschranks?

Nehmen Sie sich Zeit. Stellen Sie sich Ihr Gegenüber vor und sprechen Sie. Gestikulieren Sie. Setzen Sie Ihre Mimik ein. Schaffen Sie es, ein Auto zu erklären, ohne mit den Händen Steuerbewegungen zu machen oder das Brummen des Mo-tors nachzuahmen? Wenn ja: Wie machen Sie es stattdes-sen? Wenn nein: Können Sie sich vorstellen, warum?

Gerade haben Sie Ihre rechte Gehirnhälfte aktiviert. Das war nicht allzu schwer, oder? Die rechte Hemisphäre ist für Bilder zuständig. Bilder reduzieren Komplexität und schaffen einen ganzheitlichen Verständniszugang. So entstehen Ideen, die man mit analytischem Verstand nicht entwickelt hätte. Das nennt man Intuition. Diese Art Einsichten entstehen erstaunlich plötzlich, man scheint sie sich nicht zu erarbeiten, sondern sie fallen einem sozusagen zu. „Heureka!" rufen wir gemeinsam mit Archimedes, „ich habe es gefunden!"

Sie haben die rechte Hirnhälfte bereits sehr intensiv in den vorherigen Übungen eingesetzt. Immer dann, wenn Sie sich Ihren Gesprächspartner bildlich vorgestellt haben, dann hat das Ihre rechte Hemisphäre geschafft. Die rechte Hirnhälfte kann eine ungeheure Vorstellungskraft entwickeln.

Dem negativen Mantra auf der Spur

In unserer westlichen Wertegesellschaft ist die rechte Gehirnhälfte ein relativ unerschlossener Ort: Wir bekommen nirgendwo so richtig beigebracht, wie wir sie vernünftig einsetzen können. Sagen Eltern oder Lehrer: „Benutz doch mal dein Gehirn!", meinen sie damit meist nur dessen linke Hälfte.

Entsprechend neigen wir dazu, alle unsere Probleme durch Nachdenken lösen zu wollen. Aber so sehr mir der Vergleich eben noch gefallen hat: Ein seelisches Problem ist leider doch kein Kreuzworträtsel. Es ist tief im Unterbewusstsein verankert und bestimmt von da aus unser tägliches Handeln und Empfinden. Das Unterbewusstsein liegt jenseits des Nachdenkens auf der intuitiven Seite. Den Eingang zu finden heißt, sich auf die rechte Hemisphäre zu begeben.

Übung 21: Methode des Sicheren Ortes

Sie brauchen für diese Reise einen Rückzugsort, an den Sie immer wieder zurückfinden können. Ich stelle Ihnen hier eine Methode vor, die die amerikanische Psychologin Francine Shapiro entwickelt hat: die Methode des Sicheren Ortes.

Schließen Sie die Augen und träumen Sie sich an einen sicheren Ort. Wie sieht er aus? Es kann Ihr Bett sein, Ihr Küchentisch, ein Strandkorb oder eine Hütte im Wald. Wichtig ist, dass Sie, wenn Sie das Bild aufrufen, ein angenehmes Gefühl haben. Sie verspüren, wenn Sie diesen Ort gedanklich aufsuchen, Ruhe und Sicherheit. Sie merken, wie sich das angenehme Gefühl in Ihrem Körper ausbreitet.

Wenn Sie sicher sind, dass Sie den Ort gefunden haben, dann sprechen Sie ihn laut aus, also zum Beispiel „Küchentisch!". Stellen Sie die Verbindung dauerhaft her, indem Sie immer wieder das Wort aufrufen und zugleich die Situation vor Ihrem geistigen Auge haben. Erleben Sie dabei ganz bewusst die Geborgenheit, die Ihnen der Ort gibt. Sie haben nun ein Refugium aufgebaut. Wenn Sie sich stark genug fühlen, dann können Sie nun eine belastende Situation durchgehen und sich durch Aufsagen des Stichworts aktiv in Ihren sicheren Ort begeben. Was geht in Ihnen vor? Merken Sie, dass das Aufrufen des sicheren Ortes die belastende Situation abbaut?

Wenn Sie diese Übung hinter sich haben, merken Sie vielleicht, dass Sie erstmals beide Gehirnhälften abwechselnd genutzt und eingesetzt haben. Dem Einsatz der Sprache (linke Hälfte) folgt der Einsatz des Bildes (rechte Hälfte).

Ihre beiden Hände, Ihre beiden Augen – all das sind Werkzeuge, mit denen Sie aktiv Ihre beiden Hemisphären steuern können. Wie, erfahren Sie noch. Wofür, das möchte ich jetzt zum Thema machen.

Sehen Sie sich noch einmal die sechs Praxisfälle aus dem ersten Teil an. Sie haben sich alle nicht so zugetragen, wie sie dort stehen, das haben Sie sich sicher selbst schon gedacht. Eine solche Indiskretion dürfte sich kein Therapeut erlauben. Aber sie sind exemplarisch für negative Glaubensmuster. Es sind zwar solche, die über die linke Gehirnhälfte laufen, aber sie sind trotzdem irrational.

Stefan denkt: Ich darf keine Schwächen zeigen!

Pauline denkt: Ich muss perfekt sein, sonst kann ich vor mir selbst nicht bestehen!

Sofia denkt: Ich werde nicht geliebt! Mir passiert immer nur Schlechtes!

Manfred denkt: Ich gebe mein Bestes, aber es reicht nicht! Ich bin nicht begehrenswert!

Ana denkt: Ich muss stark und stolz sein!

Denis denkt: Ich muss mich immer im Griff haben, sonst passiert etwas Schreckliches!

Diese Menschen sind mit sich selbst unversöhnt. Sie werden die negativen Mantras niemals besiegen, indem sie grübeln oder räsonieren. Sie müssen ihnen auf den Grund gehen. Mit dem Selbstdialog erschließen sie sich die Gründe und erarbeiten Strategien für deren Überwindung. Nun brauchen sie noch Techniken, um die Mantras selbst zu löschen. Das ist nicht einfach, denn negative Glaubenssätze sind oft seit Jahrzehnten im Inneren abgespeichert.

Da hilft nur die Holzhammer-Methode: Wir identifizieren diese Glaubenssätze, formulieren sie so präzise wie möglich und schreiben sie hin. Dann schreiben wir genau das Gegenteil daneben. Und das Gegenteil ist wahr. Wenn unsere sechs Kandidaten zum Beispiel in Zukunft so denken:

Stefan: „Ich bin stark und mutig. Ich darf mich als der Mensch präsentieren, der ich bin."

Pauline: „Ich bin perfekt. Trotzdem darf ich Fehler machen – nur so lerne ich dazu."

Sofia: „Ich werde geliebt. Ich bin liebenswürdig. Und ich liebe mein Leben."

Manfred: „Mein Bestes reicht. Man kann mich durchaus begehren."

Ana: „Ich darf stark und stolz sein. Ich darf mich sogar anpassen, das ist kein Widerspruch."

Denis: „Ich darf locker lassen. Alles ist gut. Ich muss nicht alles selbst regeln."

Was glauben Sie? Belügen sie sich dann oder haben sie den Weg zu einem glücklicheren Leben gefunden?

Und jetzt zu Ihnen. Was für Stefan, Pauline, Sofia, Manfred, Ana und Denis gilt, gilt ja auch für alle anderen, mich und Sie eingeschlossen. Negativ zu denken heißt nicht, besonders realistisch zu sein. Positiv zu denken, kann die Realität dagegen zu Ihren Gunsten beeinflussen.

Übung 22: Seufzerliste

Formulieren Sie Ihre Stoßseufzer und negativen Überzeugungen und schreiben Sie sie hin. Machen Sie ruhig eine Liste, wenn Sie mehrere davon in sich entdecken. Ziehen Sie nun einen senkrechten Strich und schreiben Sie hinter jeden Glaubenssatz dessen Gegenteil. Nun haben Sie eine Aufstellung positiver Mantras, die zu Ihnen passen.

Sprechen Sie nun die Sätze auf der rechten Seite laut und deutlich aus. Wiederholen Sie diese Sätze jeweils mindestens fünf, besser zehn Mal.

Ich habe Ihnen eine Beispielliste von negativen und den entsprechenden positiven Glaubenssätzen zusammengestellt. Diese ist längst nicht vollständig, sondern bildet nur einige besonders häufig auftretende Kognitionen ab. Wie man die positive Seite genau formuliert, ist jedem selbst überlassen. Eines möchte ich aber anmerken: Den negativen Glaubenssatz mit „nicht" zu ergänzen, reicht nicht aus. Sie müssen einen uneingeschränkt guten Satz über sich sagen können. Wenn Sie also denken: „Ich bin hässlich", reicht es nicht zu sagen: „Ich bin nicht hässlich", auch wenn das schon ein Fortschritt ist. Der abwehrende Charakter der Aussage macht Sie allerdings nicht wirklich souverän. Besser ist: „Ich bin schön." Oder: „Ich kann auf Menschen attraktiv wirken." Oder: „Ich bin ein hübsches Mädchen/ein gutaussehender Kerl." Oder: „Ich gefalle mir." Trauen Sie sich ruhig einmal, so weit zu gehen. Es tut unglaublich gut, so etwas laut auszusprechen.

Übersicht Glaubenssätze

Negative Glaubenssätze	Positive Glaubenssätze
Selbstbild	
Ich verdiene keine Liebe.	Ich verdiene Liebe.
Ich bin ein schlechter Mensch.	Ich bin ein guter Mensch.
Ich bin zu nichts zu gebrauchen.	Ich bin wertvoll.
Ich bin ehrlos.	Ich bin ehrenhaft.
Ich bin nicht gut genug.	Ich bin gut so, wie ich bin.
Ich bin für immer traumatisiert.	Ich kann geheilt werden.
Ich bin hässlich.	Ich bin attraktiv.
Ich bin zu dumm dafür.	Ich kann Dinge lernen.
Ich bin unwichtig.	Ich bin wichtig.
Ich enttäusche alle.	Ich erfülle Erwartungen.
Ich bin nicht vertrauenswürdig	Ich bin vertrauenswürdig.
Ich kann meinen Urteilen nicht trauen.	Ich kann meinen Urteilen trauen.
Mein Leben ist furchtbar.	Mein Leben ist schön.

Negative Glaubenssätze	Positive Glaubenssätze
Bild vom Umfeld	
Mein Partner verachtet mich.	Mein Partner liebt und achtet mich.
Mein Partner macht alles falsch.	Mein Partner verdient Liebe und Respekt.
Alle hacken auf mir herum.	Ich werde respektiert.
Mein Umfeld ist feindselig.	Viele Menschen wollen mir Gutes.
Ich kann mich auf niemanden verlassen.	Es gibt Menschen, denen ich vertrauen kann
Ich bin ein Außenseiter.	Ich darf anders sein.
Die anderen sind eine Enttäuschung.	Die anderen tun ihr Bestes, so wie ich.
Die Welt ist schlecht.	Die Welt ist gut, so wie sie ist.
Ich bin von Gott verlassen.	Gott liebt mich.
Niemand hält sich an Regeln.	Menschen halten sich durchaus an Regeln.

Eigenes Verhalten	
Ich hätte etwas unternehmen sollen.	Ich habe getan, was ich konnte.
Ich habe etwas falsch gemacht.	Ich habe daraus gelernt.
Ich hätte es besser wissen müssen.	Ich konnte es nicht besser wissen.
Ich habe mich danebenbenommen.	Ich kann alles wieder gutmachen.
Ich verhalte mich peinlich.	Ich stehe zu meinem Charakter.
Ich mache immer dieselben Fehler.	Ich weiß, dass ich mich trotz allem ändern kann.

Wo ist die Löschtaste?

Haben Sie sich Ihre positiven Sätze aufgeschrieben? Gut. Jetzt werden wir uns daran machen, sie einzusetzen, um die negativen Gedanken zu verdrängen. Wir betätigen die Löschtaste.

Damit Sie genau verstehen, wie das funktioniert, hole ich noch ein letztes Mal aus. Dass das menschliche Gehirn die Körperhälften über Kreuz steuert, bedeutet auch, dass umgekehrt die beiden Körperhälften Rückmeldungen an die Gehirnhälften geben können. Ich mache das in meiner therapeutischen Praxis wie folgt: Mein Klient oder meine Klientin sagt den negativen Satz und konzentriert sich auf meine Hand. Ich bewege meine Hand so hin und her, dass man mit dem Augenpaar folgt, während Körper und Kopf in unveränderter Position bleiben. So bewegen sich die Augen abwechselnd in beide Richtungen.

Die Bewegung der Augen und das Aufsagen des Mantras führen zu einer engen Verbindung der beiden Gehirnhälften. So kann das Gesagte leichter und schneller in das Bewusstsein und das Unterbewusstsein eindringen. Im Allgemeinen werden sich meine Klienten während dieser Übung bewusst, wie widersinnig der negative Glaubenssatz ist, besinnen sich und ändern ihn in einen positiven Satz um. Gelegentlich helfe ich dabei, meist ist es aber nicht nötig. Beim Aufsagen des positiven Mantras konzentriert sich der Klient weiter auf meine Hand, so dass das Gesagte zugleich in Bewusstsein und Unterbewusstsein eindringen kann.

Eine Sitzung reicht in manchen Fällen aus – und die Geste selbst dauert manchmal nur eine Minute.

Ich hatte einen Klienten, der – ähnlich wie unser Praxisfall Ana – keine akuten Probleme hatte. Das passiert mir oft. Manche kommen einfach einmal im Jahr bei mir herein, um zu sehen, ob in ihnen mal wieder aufgeräumt werden muss. Meist lasse ich dann eine Kartenkombination ziehen und wir unterhalten uns ein wenig darüber. Mein Klient erzählte mir bei seiner Kombination, dass er früher oft keinen Anschluss an seine Klassengemeinschaft hatte und ihn das in seiner Jugend sehr belastete. Er war aber völlig normal und darüber hinaus ein charmanter, selbstbewusster, ziemlich gutaussehender Mensch. Im Gespräch stellte sich heraus, dass er immer noch häufig Situationen erlebte, die ihn an diese Sonderlings-Rolle erinnerten und ihn daher mehr hemmten, als er dachte. Wir entwickelten aus seinem früheren Dasein als Randfigur das positive Gedankenbild: „Ich darf anders sein; ich bin etwas Besonderes." Er sagte es auf, während er meine Finger beobachtete. Das kam ihm im ersten Moment komisch vor, seine Hemmung war deutlich zu spüren. Trotzdem funktionierte es: Ein Jahr später sagte er mir, wie sehr ihm die Übung geholfen habe. Dabei sei er ein strikt verstandesorientierter Mensch. Und das ist ja gerade der Schlüssel: auch die Verstandeslastigen spüren die Besserung. Selbst wenn sie immer noch nicht so einen dicken Draht zu ihrer rechten Gehirnhälfte haben – sie haben sie aktiviert, es hat etwas mit ihnen gemacht und das Beste: Sie merken sich den Lernerfolg mit der starken Linken für den Rest ihres Lebens.

Nun haben Sie selbst natürlich niemanden parat, dessen Fingern Sie folgen können. Ich selbst habe das übrigens auch nicht. Also habe ich mir ein paar Tricks ausgedacht. Ich habe die Löschtechniken in die Abendstunden gelegt, wenn ich bereits im Bett liege. An manchen Abenden muss mein Mann so lange arbeiten, dass ich allein im Schlafzimmer bin, meine Decke hochziehen und diese Übung einfach für mich machen kann.

Übung 23: Die Zimmerecken

Stellen Sie in weitem Abstand zwei möglichst gleichartige Gegenstände vor sich auf: brennende Kerzen, Figuren, Stühle etc. Sie können statt Gegenständen auch die Ecken der Zimmerdecken wählen, dafür sollten Sie sich allerdings zurücklehnen oder hinlegen können. Seien Sie sicher, dass Sie sich an Ihrem sicheren Ort befinden und nicht gestört werden.

Fixieren Sie nun abwechselnd den linken und den rechten Punkt in Ihrem Blickfeld, ohne Kopf oder Körper zu bewegen. Sagen Sie dabei laut und deutlich Ihren Satz auf. Während des Satzes sollten Ihre Augen mehrmals hin- und herwandern. Achten Sie darauf, dass sich die Augäpfel bewegen.

Beginnen Sie mit dem negativen Satz und beobachten Sie genau, wie sich das in Ihrem Inneren anfühlt. Sobald Sie einen inneren Widerstand spüren, wechseln Sie zum positiven Satz. Auch diesen sagen Sie laut auf und fahren dabei fort, Ihre Augäpfel zu bewegen. Fühlen Sie dabei erneut in sich hinein.

Sie können diese Übung so lange durchführen, wie Sie meinen, dass es nötig ist. Unterschreiten Sie dabei aber möglichst nicht eine Minute. Ein paar Wiederholungen müssen schon sein.

Wiederholen Sie die Übung nach Belieben. Sie können sich den Erfolg bzw. den Fortschritt gerne in einem kleinen Tagebuch notieren. Sie werden schnell merken, dass es nicht mehr nötig ist, mit dem negativen Satz zu beginnen. Er fühlt sich zunehmend falsch an.

Ein anderer Trick: Ich klopfe mich ab. Dafür begebe ich mich in meinen ungestörten Bereich und setze mich auf einen Stuhl.

Übung 24: Klopfen und Rasseln

Setzen Sie sich und nehmen Sie eine entspannte Haltung ein. Greifen Sie dann mit den Händen über Kreuz an Ihre Oberarme. Verfahren Sie genau wie in der vorherigen Übung, nur dass Sie, statt die Augen wandern zu lassen, regelmäßig abwechselnd mit den Händen an Ihre Oberarme klopfen.

Wenn Sie ein musikalischer Typ sind, der mit Rhythmen umgehen kann, dann nehmen Sie einfach zwei Maracas, Rasseln mit einem Handgriff. Stellen Sie sich in einen ruhigen Raum und schlagen Sie abwechselnd leicht mit den Rasseln, so dass Ihre Linke nach rechts geht und die Rechte nach links. Eine leichte Bewegung aus dem Handgelenk reicht schon.

Die Löschtaste ist in Ihnen. Als Hirnforschungs-Laie würde ich die Taste auf der Brücke zwischen den Hälften sehen, im Corpus Callosum. Sie kann auch woanders sein. Wichtig ist nur, dass es sie gibt. Sie ist nicht wissenschaftlich nachweisbar, aber sie funktioniert, wenn man einen Zugang gefunden hat.

Wenn Sie die Selbstheilungskräfte aktivieren, werden Sie eine interessante Erfahrung machen: dass Sie nämlich auch psychisch das können, was Sie mit dem Körper können. Sie bewegen sich so, dass es Rückmeldungen von Ihrem Körper an Ihre Gehirnhälften gibt, denen Sie zugleich positive Glaubenssätze aufsagen. Die Überkreuzverbindung der Bewegung aktiviert beide Gehirnhälften, so dass Sie das Gesagte sowohl mit der Logik als auch mit der Intuition erfassen.

Diese Übung ist übrigens ein guter Indikator für Ihre seelische Gesundheit. Sollte sich nämlich Ihr negatives Glaubensbekenntnis wider Erwarten verfestigen, statt sich zu verflüchtigen, brauchen Sie womöglich Unterstützung. Es ist in diesem Fall nicht auszuschließen, dass Sie psychologische Hilfe in Anspruch nehmen sollten.

Im Inneren aufräumen

Mittlerweile sind Sie sehr weit gekommen. Erinnern wir uns: Sie gehen in sich, spüren Gesprächspartner auf, klären mit ihnen im Dialog die Probleme, die Sie belasten – und löschen sie dann. Die Probleme, nicht die Gesprächspartner. Nun ist es häufig so, dass die Anzahl der Probleme die Anzahl der Gesprächspartner überwiegt. Manche meiner Klienten – vor allem meiner Klientinnen – hatten so viele negative Prägungen in ihrem Inneren angesammelt, dass sie sie gar nicht mehr mit unterschiedlichen Gesprächspartnern verhandeln konnten.

Es ist andererseits ermüdend, immer dieselben Partner vor sich aufzurufen. So absurd das klingt: Man kann seine Dialogpartner auch überfordern. Etwa, weil es in der dritten Wiederholungssitzung (wieder) nichts Neues mehr zu klären gibt. Solche frustrierenden Erlebnisse müssen nicht sein.

Stattdessen können Sie einzelne Ideen, sofern Sie den Prozess erfolgreich durchlaufen haben, auch in einem kürzeren Verfahren von negativ auf positiv drehen. Wenn Sie sich bewusst sind, dass manche Ihrer negativen Glaubenssätze keine Hoffnung auf neue, überraschende Konfrontationen mehr bieten, dürfen Sie gerne eine Abkürzung gehen: Sie zielen direkt auf die Glaubenssätze und schießen Sie ab. Einen nach dem anderen. Wie in einer Kirmesbude.

Sie benutzen dabei aber kein Gewehr. Sie kämpfen ausschließlich mit den Wellen Ihrer positiven Energie. Eine Methode, die ich selbst sehr schätze, haben die Psychologen Shapiro, Levine und Schubbe entwickelt. Sie heißt Lichtstrahlmethode.

Übung 25: Lichtstrahlmethode

Gehen Sie an Ihren Rückzugsort. Versetzen Sie sich gedanklich an Ihren Lieblingsort. Werden Sie sich Ihrer Sitzhaltung schrittweise bewusst: Ihre Wirbelsäule befindet sich im Gleichgewicht und die Schultern hängen locker herab. Ihr ganzer Körper ist von oben bis unten entspannt. Nun sind Sie aufnahmebereit für jegliche Störung oder Missempfindung.

Spüren Sie etwas? Konzentrieren Sie sich auf diese Empfindung. Machen Sie sich diese ganz bewusst und lassen Sie Ihre Gedanken schweifen:

- Wenn die Missempfindung ein Gegenstand wäre, welcher wäre das?
- Welche Form hätte dieser Gegenstand?
- Wie groß wäre er?
- Welche Farbe hätte er?
- Wie sähen die Oberfläche und das Material aus?

- Welchen Ton würde er abgeben?
  Hat der Missklang eine Tonhöhe?
- Gibt es eine Temperatur und ein Gewicht?
  Wie warm/kalt und schwer/leicht wäre er?

Nun stellen Sie sich das vor, was Ihnen gut tut: eine angenehme Empfindung, einen Wohlklang. Einen Lichtstrahl. Stellen Sie sich vor, es gäbe einen Lichtstrahl, unter dem Sie duschen könnten, der Sie von allem reinwäscht, was Sie belastet. Der Ihnen neue Kraft gibt, Wohlbefinden und Tatendurst.

Welche Farbe hätte das Licht? Wie intensiv wäre es, wie warm? Wie würde es auf Sie herabstrahlen?

Stellen Sie sich nun vor, dass Sie in diesem Lichtstrahl stehen. Das Licht dringt in Ihren Körper und Ihren Geist ein. Es pulsiert oder schwingt, es wird nie schwächer, es verbraucht sich nicht. Sie müssen keine Angst haben, dass es versiegt, im Gegenteil: Es kann sogar noch immer stärker werden, wenn Sie es wünschen. Was zu viel ist, fließt an Ihren Füßen wieder ab; Sie behalten so viel in sich, wie Sie für gut befinden. Genießen Sie diese Lichtdusche mit all Ihren Sinnen.
Was passiert mit dem Gegenstand, der den Missklang in Ihnen verursacht hat, während Sie im Lichtstrahl stehen? Verändert er etwas an sich? Wird er kleiner, leiser, höher, weicher? Haben Sie das Gefühl, dass Sie die Oberhand gewinnen? Verschwindet er gar? Was spüren Sie dort, wo ursprünglich der Missklang gesessen hat?

Wenn Sie glauben, dass der Missklang schwächer geworden ist, genießen Sie das Gefühl. Sie sind im Zustand absoluter Ruhe. Spüren Sie Ihren Körper, Ihre Gedanken. Versuchen Sie, dieses Gefühl zu behalten. Es ist ein Gefühl von Sieg und Frieden zugleich.

Nun können Sie wieder in den Alltag zurückkehren. Denken Sie von Zeit zu Zeit daran, ob die Übung Sie nachhaltig beeinflusst hat.

Wichtig ist, dass Sie bei Ihrer Arbeit nicht aus dem Konzept geraten. Es ist daher sehr hilfreich, sich ein paar Notizen zu machen.

Die bereits erwähnte US-amerikanische Traumapsychologin Frances Shapiro hat bei ihrer Arbeit mit Traumapatienten sehr bewusst mit der Verknüpfung der beiden Gehirnhälften gearbeitet, um eingebrannte Schockbilder und Angstzustände wieder zu lösen und so besser bekämpfen zu können. Diese Methode ist als EMDR auch nach Europa und Deutschland gekommen. EMDR bedeutet „Eye Movement Desensitization and Reprocessing", also das Desensibilisieren und Wiederaufarbeiten über Augenbewegungen. Wir machen es natürlich viel einfacher und harmloser, aber nutzen dieselbe Technik.

Zu EMDR gibt es viel Literatur, Fachverbände, Spezialisten und die übliche Diskussion über zweifelsfreie wissenschaftliche Beweisführung und öffentliche Anerkennung. Wir wollen diese Diskussion hier nicht führen, sondern rein nutzenorientiert arbeiten. Und da stütze ich mich gerne auf Protokolle, die bei den Sitzungen helfen. Ein Beispiel möchte ich Ihnen geben: Das EMDR-Protokoll für belastende Erinnerungen.

Übung 26: Das Erinnerungsprotokoll

Begeben Sie sich an Ihren Rückzugsort und legen Sie den Protokollbogen vor sich. Lassen Sie sich Zeit mit den Antworten, aber füllen sie das Protokoll vollständig aus.

An welcher Erinnerung möchten Sie arbeiten?

....

....

....

Warum belastet Sie die Erinnerung? Vergegenwärtigen Sie sich ein genaues Bild vor Ihrem inneren Auge und beschreiben Sie es:

....

....

....

Denken Sie nun an den Vorfall, der diese Erinnerung hervorgerufen hat. Welches Bild taucht vor Ihnen auf?

....

....

....

Warum ist der Vorfall schlimm? Was genau ist das Schlimme, das Sie am meisten belastet?

....

....

....

Was löst das Bild in Ihnen aus? Welches Selbstbild haben Sie dadurch, welche Gedanken, welche Meinung über sich selbst? Welche Gefühle haben Sie?

....

....

....

Wie belastend ist die Vorstellung für Sie? Extrem/stark/spürbar/mäßig/kaum/gar nicht belastend? Vergeben Sie Punkte (Schulnoten oder eine Skala, mit der Sie sich wohlfühlen)

Treffendstes Adjektiv: ....

Punkte: ....

von insgesamt: ....

Wo in Ihrem Körper manifestiert sich das Gefühl? Wo spüren Sie die Belastung?

Denken Sie nun an heute. Sehen Sie die belastende Situation aus der heutigen Sicht, mit all Ihrer heutigen Erfahrung und Ihrem Wissen.

Was können Sie Ihrem früheren Selbst Hilfreiches sagen? Welcher Gedanke fühlt sich positiv an, wenn Sie sich das Bild wieder vor Augen führen?

Wie stimmig fühlt sich der positive Gedanke jetzt gerade an?

Verspüren Sie eine Erleichterung? Wie groß ist sie?

Was können Sie nun Positives über sich sagen?

....

....

....

Es hilft sehr, sich genau vor Augen zu führen, was das Problem ist und wie positiv sich die Angelegenheit entwickelt. Protokolle und Tagebücher sind daher große Hilfen bei der Bewältigung von belastenden Erinnerungen. Sie können dieses Protokoll auch (ggf. leicht abgewandelt) für Erlebnisse von Trauer oder Verletztsein, Angst oder Sorge verwenden.

Mir und auch Klienten von mir ist es schon passiert, dass ein solches Protokoll zu lautem Lachen geführt hat. Im Nachhinein kann es nämlich sein, dass ein belastendes Erlebnis eine gewisse absurde Komik entwickelt, ganz so, als sähe man einen Film, in dem alle Akteure unwissend und tollpatschig sind und sich so in die absonderlichsten Bredouillen bringen. Ich war bei der Gelegenheit auch froh, mal wieder über mich selbst lachen zu können.

Schlussbilanz

Wie Sie sich Ihr Inneres auch immer erschließen, es kann eine lange Reise sein. Wir sind darauf konditioniert, zu funktionieren und in einer Gesellschaft Erfolg zu haben, die von uns oft genug verlangt, das eigene Selbst zurückzustellen. Daher erfahren wir eine Menge Prägungen – und ja, auch viele Verletzungen, die andere uns beibringen, und das durchaus häufig in guter Absicht. Man solle nicht so selbstbezogen sein, man solle bescheiden sein, man solle nicht so vorlaut sein, man solle nicht immer nur seine eigenen Interessen im Blick haben. Übertreibt man es damit, dies alles erfüllen zu wollen, leidet das eigene Selbst darunter.

Wie Zwiebelschalen erscheinen Ihnen vielleicht diese Prägungen: Schälen Sie die eine ab, kommt die nächste darunter zum Vorschein. Deshalb ist die Selbsttherapie nur in wenigen Fällen zügig erledigt. Aber was hilft es? Der Denkmüll muss aus dem System, wenn Sie wieder Licht und Luft in Ihr Inneres lassen wollen! Sie werden die Übungen in diesem Fall sicherlich mehrmals wiederholen – bis das Thema, das Sie bewegt, erledigt ist.

Es ist aber nicht die Frage, wie lange der Prozess dauert oder wie schnell sich der Erfolg einstellt. Wichtig ist, dass Sie Ihre Selbstheilungskräfte aktiviert haben. Sie begeben sich mit den Selbstdialogen in so genannte morphogenetische Felder und lösen dort die seelischen Verkrustungen. Wenn sie sich dabei noch nicht aufgelöst haben, löschen Sie sie mit dem Zusammenspiel der beiden Gehirnhälften.

Es ist wichtig, die Wahrheit zu finden. Bleiben Sie dran, seien Sie ehrlich zu sich selbst und öffnen Sie sich – dann haben Sie den direkten Weg eingeschlagen, der Sie zur Lösung führt. Auch der längste Weg beginnt mit dem ersten Schritt. Und den haben Sie bereits getan, wenn Sie bis hierhin gelesen haben.

Ihre
Yvette Pichlkostner

Über die Autorin

Geboren 1971 in Köln, absolvierte Yvette Pichlkostner nach ihrem Abitur zunächst eine Ausbildung zur Bankkauffrau und arbeitete anschließend mehrere Jahre erfolgreich in den Bereichen Einkauf und Produktentwicklung in verschiedenen Unternehmen des Handelssektors.

Ab Mitte der 90er Jahre verstärkte sich ihr persönliches Interesse am Bereich Psychotherapie und sie entschied sich zu einem grundlegenden Berufswandel. Nach einer im Jahr 1999 erfolgreich abgeschlossenen Ausbildung am renommierten Milton H. Erickson Institute in den USA und Fachausbildungen in ausgewählten Bereichen und Methoden der Psychotherapie, spezialisierte sich Yvette Pichlkostner auf professionelles therapeutisches Coaching und Mentaltraining.

Seit 2000 ist Yvette Pichlkostner in ihrer eigenen Praxis als Coach und Heilpraktikerin (Psychotherapie) tätig und leitet erfolgreich das Institut für Energetisches Coaching in Köln. Der Fokus ihrer Arbeit liegt dabei stets auf der aktiven Auflösung emotionaler Blockaden und festgefahrener, negativer Verhaltensmuster, die Patienten oft jahrelang belasten und beeinträchtigen. Zu ihren Kunden zählen Unternehmen ebenso wie Non-Profit-Organisationen und Privatpersonen.

Über die aktive Patientenbetreuung hinaus, arbeitet Yvette Pichlkostner auch als Ausbilderin für angehende Heilpraktiker (Psychotherapie) sowie als Dozentin für die anerkannten Behandlungsmethoden Hypnosetherapie und EMDR. Sie ist Mitglied im Deutschen Verband für Coaching und Training, dem Berufsverband der Hypnosetherapeuten und dem Fachverband Deutscher Heilpraktiker.

In der Öffentlichkeit wurde Yvette Pichlkostner als Erfolgscoach und Therapeutin unter anderem durch Fernsehbeiträge bei WDR und RTL bekannt. Dabei vermittelt sie auf eingängige Weise psychologisches Wissen rund um das Unterbewusstsein – praxisnah, verständlich und informativ.

www.pichlkostner.de

Hilf Dir Selbst!

Dieses Kartenset-Coaching-Tool hält die Lösung
für psychologische Alltagsprobleme bereit. 80 Reizwörter
werden mit 80 Bildern in Verbindung gebracht. So entstehen
Kombinationen, die sich von alleine nicht erschließen würden.
Räume für Entdeckungen, Gedanken und Ideen öffnen sich …

Ausführliche Fragebögen und detaillierte Anleitungen
bieten Halt und helfen beim Erkennen der Ursachen
von Problemen.

Yvette Pichlkostner · Kartenset ‚Hilf dir selbst'
160 Karten + Booklet · ISBN 978-3-95883-002-8

Mit Liebe fürs Detail und für die Umwelt

Bei der Auswahl der Inhalte, die wir präsentieren, achten wir auf Originalität, Kompetenz, Praxisrelevanz und Qualität. So können wir mit Herz und Seele hinter unseren Büchern, Hörbüchern, Filmen und den anderen Produkten stehen, die wir mit viel Liebe und Aufmerksamkeit bis ins letzte Detail fertigen.

Wir leisten einen aktiven Beitrag zum Umweltschutz und verbrauchen nur wirklich notwendige Ressourcen — so sparsam wie möglich. Wir drucken überwiegend auf 100% Recyclingpapier oder produzieren unsere Titel klimaneutral. 99% unserer Fertigung findet in Deutschland statt, so haben wir kurze Transportwege und unterstützen die lokale Wirtschaft.

Inspirationen, interessante und wertvolle Neuigkeiten, Wahres, Schönes & Gutes sowie wichtige Termine können Sie regelmäßig in unserem Newsletter erfahren oder hier: **www.facebook.com/weltinnenraum**

weltinnenraum.de

J.Kamphausen | Mediengruppe